AF453956

MÉMOIRES

SUR

LA BASTILLE,

ET LA

DÉTENTION DE L'AUTEUR

DANS CE CHATEAU ROYAL,

Depuis le 27 Septembre 1780, jusqu'au 19 Mai 1782.

PAR Mr. LINGUET.

Non, mihi si voces centum sint, oraque centum,
Omnia pœnarum percurrere omnia possim. VIRG.

LONDRES,

De l'Imprimerie de T. SPILSBURY, Snowhill.

M. DCC. LXXXIII.

MÉMOIRES

SUR

LA BASTILLE,

Et la Détention de l'Auteur dans ce Château-Royal, depuis le 27 Septembre 1780, jusqu'au 19 Mai 1782. [*]

LONDRES *ce 5 Décembre 1782.*

JE suis en Angleterre : il faut prouver que je n'ai pas pu me dispenser d'y revenir. Je ne suis plus à la *Bastille* ; il faut prouver que je n'ai jamais mérité d'y être.

Il faut faire plus : il faut démontrer que jamais personne ne l'a mérité ; les innocens, parce qu'ils sont innocens ; les coupables, par-

---

[*] N. B. J'ai été obligé de faire beaucoup de Notes, & plusieurs sont un peu longues : j'ai pris le parti de les rejetter à la fin, en marquant exactement les renvois qui les indiquent. Cette méthode distrait moins le lecteur ; & elle rappellera un autre Ouvrage, où je me suis bien trouvé de l'avoir employée.

A 2

ce qu'ils ne doivent être convaincus, jugés, punis, que suivant les Loix, & qu'on n'en suit aucune, où plutôt qu'on les viole toutes à la *Baſtille*; parce que, ſi ce n'eſt en *Enfer* peut-être, il n'y a pas de ſupplices qui approchent de ceux de la *Baſtille*, & que s'il eſt poſſible de juſtifier l'inſtitution de la *Baſtille*, en elle-même, dans de certains cas, il ne l'eſt dans aucun d'en juſtifier le *Régime* : il faut faire voir que ce régime auſſi honteux que cruel, répugne également à tous les principes de la juſtice & de l'humanité, aux mœurs de la Nation, à la douceur qui caractériſe la Maiſon Royale de *France*, & ſur-tout à la bonté, à l'équité du Souverain qui en occupe aujourd'hui le trône.

C'eſt par cette diſcuſſion que je vais conſacrer la repriſe de mon travail, & ma rentrée dans ma pénible carrière.

Les deux premiers articles ſemblent m'être purement perſonnels, & n'intéreſſer que moi. On verra qu'ils ſont liés inſéparablement avec le troiſième, & qu'ils en font une partie eſſentielle. Ils forment enſemble un cours d'oppreſſions, un enchaînement d'iniquités & de douleurs, dont aſſurément il y a bien peu d'exemples depuis l'hiſtoire de *Job*.

D'ailleurs ſerois-je digne de traiter le dernier ſi je ne commençois par éclaircir les deux autres? Si je n'étois qu'un transfuge affamé de vengeance, ou un coupable flétri du pardon, quel poids auroient mes réclamations ? Mais après avoir vu les preuves de mon innocence, on fera plus vivement frappé du tableau des honneurs dont elle n'a pu me préferver : l'intérêt augmentera encore fi l'on penfe que ces horreurs il n'y a point de *François*, ni d'Etranger, de ceux qui voyagent en *France*, qui puiffent s'affurer de ne les éprouver jamais. Les *Baftilles Françoifes* ont dévoré, elles dévorent journellement des hommes de tous les rangs, & de toutes les nations : on pourroit graver fur les avenues de ces gouffres (1) l'avis adreffé aux paffans, fur la porte de quelques cimetières, *Hodie mihi, gras tibi.*

Qui peut en effet fe promettre d'éviter un fort dont la qualité d'héritier préfomptif de la couronne n'a pu garantir un *Louis XII*, ni des lauriers accumulés un *Condé*, (2) un *Luxembourg*; ni les vertus ou la fcience un *Sacy*, & tant d'autres ; ni la morgue des compagnies de *Robe*, un *Pucelle* ni les plus importans fervices un *La Bourdonnaie* ; ni le droit des gens tant d'*Anglais*, d'*Allemands*, d'*Italiens*, &c. dont les noms fculptés par la rage de l'ennui fur ces funeftes murs y forment de toutes parts une efpèce de géographie auffi variée qu'effrayante, &c. ? C'eft donc, pour ainfi dire, le caractère d'une épidémie redoutable à tout le genre humain que je vais déterminer ici.

Malgré la prodigieufe quantité de témoins qui ont involontairement vifité ces abymes les détails intérieurs eu font très-peu connus : les Mémoires de *La Porte*, de *Gourville*, de Mde. *De Staal*, n'en apprennent prefque rien ; du moins de ce qu'ils difent il ne réfulte que la preuve d'un fait inconcevable : c'eft que de leur tems ce *Tartare* étoit une efpèce de *Champs Elifées* auprès de ce qu'il eft aujourd'hui.

Alors les prifonniers recevoient des vifites : ils fe voyoient entr'eux familierement : ils fe promenoient enfemble : les officiers de l'*état major* parloient, mangeoient avec eux : ils étoient pour eux des confolateurs autant que des gardiens : *La Porte* parle en propres termes des LIBERTÉS *de la* BASTILLE; il donne ce nom à tous les adouciffemens que l'on vient de voir, dont jouiffoient lui & tous fes compagnons d'infortune.

Et *La Porte* parle du règne du *Cardinal de* RICHELIEU : *La Porte* étoit un des hommes du royaume qui devoit être le moins ménagé : le defpotifme de l'impitoyable Miniftre étoit perfonnellement intéreffé à lui arracher un fecret précieux dont il étoit le confident, ou fa vengeance à le tourmenter : La *Baftille* n'avoit donc point dans ce tems-là d'amertume qu'il n'ait dû boire, ni de tourmens qu'il n'ait dû fubir. Que l'on compare fa defcription avec la mienne (3).

Comment s'eft opéré cet accroiffement de barbarie ? Je l'ignore : mais une bien douloureufe expérience ne m'en a que trop appris la réalité. Tandis que tout paroît tendre dans les mœurs générales à la molleffe, plutôt qu'à la rigueur ; tandis que le Prince qui règne aujourd'hui fur la *France* ne manifefte que des in-

tentions bienfaiſantes; tandis que des modifica-
tions humaines ont aſſuré par ſes ordres, dans
les priſons ordinaires, des ſoulagemens, même
aux criminels convaincus, on ne s'occupe à la
Baſtille qu'à multiplier les ſupplices pour l'innocence. Ses cachots ont acquis plus d'atrocités
que les autres n'en ont perdu.

Révéler cette incroyable dépravation, c'eſt,
ſous un Prince équitable, en néceſſiter la réforme:
ainſi mes derniers adeiux à ma Patrie ſont encore
un ſervice que je lui rendrai : mon dernier hommage au Roi vertueux qui la gouverne ſera pour
lui une occaſion de plus de faire le bien qu'il aime,
& qu'il cherche.

Mais cette révélation n'y a-t-il rien qui me
l'interdiſe ? Tous les objets que je traite ici,
puis-je les traiter ſans ſcrupule ? Puis-je *en con-
ſcience* mettre le Public dans le ſecret des terribles
myſtères auxquels le 27 Septembre 1780 m'a
initié.

Les gardiens de la *Baſtille* n'ont pas à la
vérité à leurs diſpoſition les eaux du *Léthé*, pour
détruire dans la mémoire de leurs victimes le
ſouvenir de leurs cruautés : mais ils eſſaient d'y
ſuppléer. Le deſpotiſme qui fait du ſilence un
des tourmens de la *Baſtille* quand on y eſt, tâche
d'en faire un devoir religieux quand on en ſort;
on force tous les *Jonas* qu'elle revomit à JURER
*qu'ils ne révéleront jamais rien, ni directement, ni
indirectement, de ce qu'ils ont pu y apprendre, ou y
ſouffrir.*

C'eſt un Magiſtrat dans le coſtume conſacré en apparence à la juſtice ; (4) ce ſont des Militaires décorés du gage apparent d'un ſervice pur, (5) & d'une vie dévouée a la défenſe des citoyens, qui préſident à ce dernier acte d'une oppreſſion dont ils ont été les inſtrumens. On montre au demi-reſſuſcité la porte qui ſeule peut le rendre à la vie, à demi-ouverte, & prête à ſe refermer s'il héſite: on ne veut lui laiſſer de choix qu'entre le ſilence, le parjure, ou la mort.

Hommes ſenſibles de toutes les nations, ca- ſuiſtes rigides qui ſavez ce que l'honneur & la délicateſſe priſcrivent, prononcez. Ma plume doit-elle être liée, parce que mes mains l'ont été injuſtement ? Non ſans doute ; vous me criez d'une voix unanime que l'infraction de cet en- gagement ignominieux n'eſt pas un parjure, que le crime eſt de l'exiger, & non pas de le rompre.

Vous avez abſous le célèbre *Dellon* d'avoir briſé ce frein fabriqué par une inquiſition reli- gieuſe, qui ayant préciſément les mêmes prin- cipes que celle-ci, emploie les mêmes reſſources pour en enſevelir la honte, & le ſcandale. Vous vous réuniſſez tous pour renouveller & conſa- crer à jamais cet axiome précieux à la ſociété, cet axiome dont l'oubli donneroit trop d'avan- tage aux méchans armés du pouvoir, que le ſer- ment a été inſtitué pour garantir les conven- tions légitimes, pour aſſurer l'obſervation des Loix, & non pour défendre, pour aider à perpé- tuer les abus qui les enfreignent.

§ I.

On m'a fait une néceſſité de revénir en **AN-GLETERRE.**

Après ce qui s'étoit paſſé en 1777 entre M. le Comte de *Vergennes* & moi, (6) ce Miniſtre étoit de tous les politiques de l'*Europe*, celui avec lequel je devois avoir le moins de relation. Cependant à l'approche de la rupture entre la *France* & l'*Angleterre*, en Mars 1778, comptant ſur la réputation de délicateſſe perſonnelle, & de probité privée qu'il s'eſt faite, j'ai cru pouvoir hazarder de lui écrire, pour lui communiquer ma répugnance à reſter dans un pays qui alloit devenir ennemi du mien : je lui demandois ſi, en changeant de ſéjour par un principe auſſi patriotique, je n'aurois pas à craindre de nouvelles perſécutions de la part du Miniſtère de *France* : je finiſſois par ces mots.

„ Je ſens bien que les circonſtances ne me
„ permettent pas d'eſpérer pour le préſent des
„ réparations : mais mon cœur ſe contenteroit
„ de celle que le Public me fait, ſi en me
„ tranſplantant je pouvois compter ſur du
„ repos, & j'y compterois *ſi j'avois votre pa-*
„ *role pour gage :*

„ Je vous demande pardon ſi, malgré mon
„ innocence bien, & peut-être trop bien prou-

„ vée, je crois devoir prendre des fûretés :
„ mais tel eſt le malheur de ma poſition ; &
„ j'oſe croire que vous ne m'en ſaurez pas
„ mauvais gré. Si je me défie du Miniſtère,
„ vous voyez combien j'ai de confiance dans
„ le Miniſtre. „

Le 20 du même mois M. le comte de *Ver-*
gennes m'a répondu en ces termes. „ Vous me
„ faites part, Monſieur, &c. M. le Comte
„ de *Maurepas*, auquel j'en ai fait part, *ap-*
„ *prouve fort cette réſolution*; & il m'AUTORISE
„ *à* vous mander que vous pouvez bannir
„ *toute inquiétude de ce côté-ci. . . .* Je crois,
„ Monſieur, qu'avec cette aſſurance vous pou-
„ vez prendre le parti que vous jugerez le plus
„ convenable. *Je ne vous la donnerois pas ‚ ſi je*
„ *ne devois la regarder moi-même comme très-*
„ *certaine.*
Le 7 Avril ſuivant, j'ai demandé à M. le
Comte de *Vergennes* de nouveaux éclairciſſe-
mens : j'ai fait un nouveau ſacrifice , plus pénible peut-être, &, j'oſe le dire, plus noble
encore que celui de mon ſéjour. (7) M. le
Comte de *Vergennes* m'a répondu le 23. „ J'ai
„ reçu, Monſieur, votre lettre, ſur laquelle
„ je ne puis que vous confirmer ce que je vous
„ ai marqué par ma précédente. Elle vous
„ annonce, tant de la part de M. le Comte
„ de *Maurepas*, que de la mienne, une su-
„ RETÉ ENTIÈRE POUR VOTRE PERSONNE, dans
„ le nouveau domicile que vous vous pro-
„ poſez de prendre. Je vous en renouvelle
„ bien volontiers l'aſſurance, & celle de *vous*

» *laisser le maître de continuer vos travaux lit-*
» *téraires,* étant bien persuadé que le *Roi,* la
» *Religion,* ni l'*Etat* n'y seront point atta-
» qués. »

Sur cette sauve-garde bien solemnelle, comme on le voit, bien authentique, & sans con-
ditions, j'ai quitté l'*Angleterre.* Je me suis
fixé à *Bruxelles.* J'ai fait plusieurs voyages
en *France* en 1778, en 1779 : j'ai vu les
Ministres : les *Annales* ont continué d'avoir un
cours aussi libre qu'honorable; la littérature,
j'ose le dire, n'a point produit d'ouvrage où
le *Roi,* la *Religion,* l'*Etat,* aient été plus scru-
puleusement respectés.

Cependant, le 27 Septembre 1780, ayant été
attiré à *Paris* par une suite de trahisons dont
j'indiquerai ailleurs quelques-unes, je me suis
vu arrêté en plein jour, avec un opprobre réfléchi, & combiné, (8) plongé dans des cachots
destinés uniquement, en apparence, aux ennemis
du *Roi,* de la *Religion,* ou de l'*Etat,* & livré dans
ma personne, dans mon honneur, dans ma fortune, à tout ce que des geoliers barbares, des
calomniateurs sans frein, des suppôts avides, &
des agens infidèles peuvent se permettre d'in-
dignités.

Après vingt mois passés sans aucune sorte d'a-
doucissement, ni d'explication, ma captivité a
paru finir le 19 Mai 1782; & elle n'a fait réelle-
ment que de changer de forme. Le Liéutenant Général *de police de Paris* venu en grand appareil
pour m'annoncer que je n'étois plus *prisonnier,*

m'a notifié que j'étois *exilé*. Il m'a remis un ordre qui me reléguoit dans un petit bourg à 40 lieues de *Paris*, avec défense d'en *désemparer* A PEINE DE DÉSOBÉISSANCE.

Quoiqu'on ne daignât pas plus s'expliquer sur le motif de l'*Exil* que sur celui de la *Prison*; quoique j'eusse les plus fortes raisons de croire que ce nouveau coup partoit du Ministère, & non pas du Roi, je n'ai pas refusé de me soumettre. J'ai demandé seulement deux graces bien simples : l'une, la permission de rester à *Paris*, au moins jusqu'à ce que j'eusse recouvré les forces nécessaires pour m'en éloigner, & tiré des mains plus que suspectes, qui se trouvoient par de bien étranges manœuvres nanties de presque tous mes fonds, ce qu'il falloit pour y vivre ; l'autre, d'aller à *Bruxelles* passer quelques jours, pour y mettre fin à la confusion qui depuis deux ans consumoit le reste de ma fortune.

Je devois d'autant plus espérer de la condescendance sur ces deux articles, que le désordre auquel j'avois à remédier étoit émané du Ministère de *France* directement. Il avoit fait requérir *ministériellement* à *Bruxelles*, au nom du *Roi de France*, par le Chargé-d'affaires de *France* (9), secondé d'un Exempt de Police de *Paris* (10), & d'un substitut que je nommerai ailleurs (11), le transport non - seulement de *mes papiers*, mais de *mon argent* : & ce qu'on n'avoit pas emporté, on l'avoit dissipé. On avoit payé à mes frais les courses du Sous ministre (12), de l'Exempt en Chef, de l'Exempt en Second : on avoit payé une garde dont le service consistoit à piller, sous prétexte de conserver : on avoit payé les officiers du pays, empressés de disputer ma dépouille aux officiers étrangers. L'injustice *Françoise* avoit été prodigue de mes espèces envers la justice *Brabançonne*.

De plus, n'ayant recouvré l'existence qu'avec un nouveau présent à faire à ma Patrie ; ayant à constater par l'expérience une invention très-précieuse ; à réaliser pour l'utilité publique un nouvel usage de la lumière, imaginé dans un tems où je ne la voyois pas ; la confiance qui me faisoit espérer la modification, & même la révocation de mon exil, étoit assurément fondée.

La curiosité m'a obtenu un court délai sur le premier point ; & je ne l'ai pas trompée. J'ai fait l'expérience : elle a réussi (13). Le jour même on m'a dit, *Partez pour* RETHEL *, & n'en désemparez pas* ; quoique pour obtenir la permission d'aller à *Bruxelles*, je donnasse verbalement, & par écrit, ma parole de revenir sur-le-champ ; quoique depuis un mois je n'eusse cessé de renouveller la promesse déjà offerte du fonds de mon tombeau, non pas, comme quelques gazettes ont eu la bêtise ou la malignité de le dire, de *ne plus écrire que d'après les vues du Ministère de* FRANCE, mais de ne plus écrire du-tout, si on l'exigeoit ; de me renfermer dans un silence absolu, pourvu qu'en échange de ce sacrifice on me rendit au moins les droits ordinaires de citoyen ; (14) pourvu qu'en me résignant, puisqu'on le vouloit, à cesser d'être utile à la société, on cessât de me traiter plus rigoureusement que tant d'hommes qui lui font à charge. Je mettois même dans ces instances & ces offres une douceur, une soumiffion qui fcandalifoient prefque les témoins impartiaux, & ont perfuadé à quelques-uns qu'enfin mon cœur avoit fléchi, ou ma tête cédé, fous l'excès de l'infortune.

Ils fe trompoient : ma conduite en ce moment n'étoit pas différente de celle que j'ai tenue dans toutes les autres occafions de ma vie : je n'ai jamais pris un parti d'éclat fans avoir épuifé tous les moyens imaginables de l'éviter.

Ici, ce n'est que quand il ne m'a plus été poffible de douter qu'il n'y eût un plan formé de m'anéantir le refte de mes jours, d'achever de me faire perdre ce qui me reftoit de reffources en tout genre, en m'éloignant également de mes amis & de mes affaires, que je me fuis enfin déterminé à une démarche devenue indifpenfable.

Alors même j'ai encore écouté les fcrupules d'un fujet foumis, qui refpecte le nom de fon Prince jufques dans l'abus que fes Miniftres ofent fe permettre d'en faire. Revenu à *Bruxelles*, je n'ai point fongé d'abord à chercher une autre retraite. Quoique effrayé de la dévaftation de ma maifon ; quoique indigné des baffeffes, des infidélités fans nombre commifes par les agens miniftériels qui avoient couru y traiter mes effets comme on traitoit ma perfonne à *Paris* ; je me bornois à regretter mes pertes, à rassembler mes débris. Je ne voulois chercher que des distractions.

Je méditois un voyage de plusieurs années : après avoir porté mon hommage aux pieds d'un Prince qui donne à tous les Princes de si nobles leçons par son exemple, & qui rend au trône des *Césars* un éclat qu'aucun trône n'a eu depuis long-tems, mon dessein étoit de passer en *Italie*, & d'aller tâcher d'oublier dans l'étude des monumens des siècles passés ce que j'ai souffert dans celui-ci.

Ce moyen indirect de me conformer encore aux vues du Ministère de *France* ne m'a pas été laissé. Des amis fidèles m'ont averti qu'il ne me pardonnoit pas de ne m'être point piqué d'une obéissance parfaitement littérale ; & que, par les embûches dressées sur la route, le chemin de l'*Italie* redeviendroit infailliblement pour moi celui de la *Bastille*.

Comme cet avis me venoit de la même main qui m'avoit prévenu de la *première Lettre-de-cachet*, (car j'en avois été prévenu, mais j'avois refusé d'y croire) je n'ai pas pensé qu'il fût sage d'en braver une seconde. J'ai mis entre ces largesses du Ministère de *France* & moi une distance qu'elles ne franchissent point. Mes vrais protecteurs, ceux qui ont contribué à mon salut, ne seront pas fâchés sans doute que j'aie pris des précautions sûres pour conserver le fruit de leur amitié. Si les autres en marquoient du ressentiment, ils acheveroient de prouver combien elles étoient néceffaires.

Maintenant je le demande à tous les hommes honnêtes & impartiaux : Qu'ai-je pu faire que je n'ai pas fait ? Qu'ai-je fait que je n'aie pas été obligé de faire ?

Qu'on daigne réfléchir un moment fur les circonftances qui ont accompagné & fuivi la reftitution de ma liberté. Quoi ! à l'ordre de fortir de *Paris* où j'avois les affaires les plus preffantes, on joint la défenfe de me rendre à *Bruxelles* où des intérêts non moins précieux m'appelloient ? L'unique réponfe à mes prieres, à mes offres, à mes humiliations même, pour obtenir la difpenfe d'une de ces deux injonctions, c'en eft une troifième, qui me condamne, après une inaction, une mort de deux années, à continuer de végéter au fond d'un bourg inconnu, dans une oifiveté auffi ruineufe que fatiguante ! Ce font-là les faveurs, les graces, qui fuccèdent à une oppreffion fans exemple dans toutes fes parties !

Quel pouvoit en être l'objet ? De me punir ! Eh, de quoi ! Quel étoit mon crime ? Me l'avoit-on dit ? me le difoit-on ? La tardive juftice que l'on venoit enfin de me rendre prouvoit affez mon innocence. Qui croira que, fi l'on avoit pu fabriquer l'ombre d'un prétexte pour motiver des chaînes éternelles, on eût brifé celles dont on m'avoit chargé fans motif ? un coupable convaincu, condamné,

peut

peut bien recevoir comme une faveur la dimi-
nution de ſon ſupplice : mais un innocent !

Devois-je regarder ce caprice du Miniſtère
comme une attention paternelle ? Sans doute
il ne prétendoit pas me traiter comme on traite
ces affamés qui ont long-temps ſouffert de la
diſette. Un médecin ſage ne leur rend que peu-
à-peu les alimens dont une trop grande quantité riſqueroit d'abord de les étouffer. Mais
probablement on ne craignoit pas de même pour
moi l'effet ſubit du grand air ; on n'avoit pas la
délicateſſe de ne me remettre au régime de la liberté, qu'inſenſiblement, afin qu'il me fût plus
ſalutaire.

Si cette diète politique avoit un objet, ce
n'eſt pas à moi qu'on vouloit qu'elle épargnât
des dangers. Ce qu'elle étoit deſtinée à prévenir, c'eſt l'exploſion de ces ſoupirs accumulés pendant deux ans de déſeſpoir ; ce ſont
les premières aſpirations d'un cœur déchiré pendant cet eſpace avec un ſang-froid ſi barbare,
& une injuſtice ſi tranquille. Ce ſont mes
réclamations contre une violence qui a retranché deux ans de ma vie ; contre des attentats dont les ſuites en abrégeront le reſte ; contre
des traitemens qui n'ont jamais eu d'exemple,
qui n'en auront jamais peut-être, même à la
Baſtille. (15) Voilà ce que l'on redoutoit.

Mais pour que cette précaution ne fût pas
un nouvel outrage, & une iniquité de plus,

au moins falloit-il la concilier avec l'arrange-
ment de mes affaires perfonnelles , & le foin de
mes intérêts domeftiques : je ne demandois ni
penfion , ni indemnités , ni places ; je ne folli-
citois que la permiffion de réunir les lambeaux
de mes propriétés indignement attaquées ,
& diffipées plus indignement encore. Sans
cela, pillé par les fubftitus du Miniftère *François* , de la police *Françoife* ; ruiné par un agent
infidèle ; ne pouvant ni faire mes recouvremens
arriérés , ni remédier aux déprédations paffées,
ni prévenir les futures , comment aurois-je
vécu à *Réthel Mazarin* ? Les *Lettres-de-cachet*
font-elles donc des lettres de change ?

On a infinué dans le public qu'en exi-
geant de moi cette derniere épreuve on m'a-
voit annoncé des récompenfes ; qu'on me pré-
paroit des couronnes, fi j'avois fubi avec ré-
fignation ce dernier acte de mon martyre ;
mais que j'avois tout dédaigné , & préféré l'efpoir aveugle de la vengeance à la jouiffance
paifible des bienfaits qui m'auroient dédom-
magé de mon infortune.

Rien n'eft plus faux :

L'unique récompenfe que l'on m'ait pré-
fentée c'eft l'efpoir *d'apprendre un jour* , *fi j'étois
long-tems bien obéiffant* , LE VÉRITABLE MOTIF
DE MA DÉTENTION : c'eft un homme en faveur
qui m'a offert cet appas. Un homme en place
s'eft borné à me dire , *Si vous voulez vivre ici,*
TACHEZ DE VOUS FAIRE OUBLIER.

J'ai cru qu'il étoit plus facile, plus sûr, plus nécessaire de tâcher de m'échapper. Mais je le répète : docile encore dans ma désobéissance apparente ; révérant, chérissant encore des liens dont ceux de la *Bastille* ne m'avoient cependant que trop affranchi, c'est dans le voisinage de ma Patrie, c'est dans un pays qui en est pour ainsi dire la continuation, que je me serois contenté de chercher une retraite, si elle avoit pu être assurée : il a fallu l'excès de la prévarication, & du danger, pour me repousser dans l'asyle inacceffible où je suis, & que je n'aurois jamais dû quitter.

Ceux que ma retraite & mon indépendance actuelle allarment peut-être avec raison, ne manqueront pas de s'armer du seul prétexte apparent qui puisse servir leur malignité. Ils m'accuseront d'*ingratitude* & de *Révolte*. Ils diront que si ma conduite passée n'offre point de *Crime d'Etat*, le choix de mon asyle présent en est un. L'effort qu'ils ont rendu indispensable ils le peindront comme une évasion criminelle. Ils produiront comme une preuve de la justesse des pressentimens qu'ils opposoient à la restitution de ma liberté, l'usage qu'ils m'ont forcé d'en faire ; & l'emploi d'une faculté *qu'on auroit pû*, diront-ils, *se dispenser de me rendre*.

Qu'on eût pû s'en dispenser, il n'y a pas de doute : quand on a la force en main, ce qu'on ravit sans droit on est maître de le garder tou-

jours : rien de plus clair. Mais ce n'est pas là
de quoi il s'agit.

Il est question seulement de savoir, d'un côté,
si, parce qu'une captivité sans cause n'a pas été
sans terme, j'ai dû me soumettre aveuglément
à la continuation d'une rigueur constamment
inique dès son principe ; & de l'autre, si ayant
apprécié ce qu'elle valoit une prohibition révoltante, à laquelle il est impossible de supposer
que le roi ait eu part, j'ai pu me croire en
sûreté ailleurs qu'ici contre un despotisme ministériel qui n'avoit pas respecté une sauve-
garde solemnelle, émanée de lui-même.

Il ne faut pas oublier cette promesse bien inutile, mais bien authentique, signée au nom du
Comte de *Maurepas*, qui n'existe plus, par M. le
Comte de *Vergennes*, qui existe encore ; elle me
garantissoit comme on l'a vu *la sûreté de ma personne*, non pas, comme on l'a dit, *pour un tems
limité*, mais pour toujours, & sans aucune restriction, ou du moins sans autre restriction,
même présumée, que celle à laquelle assurément je n'ai pas manqué, de continuer à *respecter
le Roi, la Religion & l'Etat.*

A-t-on laissé ignorer au Roi ce motif de ma
sécurité dans ses états ; ou bien, en me calom-
niant auprès de lui pour détruire l'estime dont
il m'honoroit, pour le déterminer à une rigueur
que la vérité n'auroit certainement pas motivée,
lui a t-on persuadé que cette barriere ne devoit
pas l'arrêter ? Je n'en sais rien.

Ce que je fais c'eft qu'avec ma fauve-garde & mon innocence, fous un règne équitable & doux, j'ai été traité, pendant deux ans, non pas comme un accufé, prévenu de quelque délit; (car à un tel homme on lui fait fon procès; on l'inftruit du grief qui en eft le motif; on lui permet de fe défendre); mais comme un coupable convaincu de tous les crimes de *Lèfe-majefté* poffibles. Or, la parole des miniftres de *France*, & la pureté de ma conduite, ne m'ayant pas garanti pour le paffé, quand leur vindicative infidélité manquoit même de prétexte, que devois-je efpérer pour l'avenir, en reftant dans le voifinage de la *France*, après avoir par une démarche légitime, néceffaire, mais contraire à leurs volontés, fourni d'après les règles de leur implacable defpotifme un prétexte apparent pour une nouvelle oppreffion? Je ne pouvois pas me flatter d'être plus irrépréhenfible : devois-je m'attendre qu'ils deviendroient plus timorés?

Dans les circonftances où je me trouvois, le choix de ma retraite étoit-il libre? Ai-je pu, ai-je dû balancer entre la *Baftille* & l'*Angleterre*? Après avoir quitté fans honte, avec gloire peut-être, cette Nation généreufe, n'ai-je pas pu fans remords revenir implorer fa protection? *

* Pour apprécier équitablement mon retour, il faut lire, après ceci, la page 521 du Tome III. des *Annales Politiques*, &c.

§. I I.

Que ma détention n'a eu aucun motif fondé.

Bien juftifié fur le reproche d'ingratitude ou de révolte dans l ufage de ma liberté recouvrée, il ne m'eft pas permis de laiffer fubfifter le moindre nuage fur les caufes qui me l'on fait perdre, ou plutôt fur le fait précis qu'il n'y en a eu aucune capable de motiver l'abus de pouvoir dont cette perte a été le fruit. Je dois cette courte difcuffion à moi-même, à mes amis, à la confiance des hommes honnêtes, qui jugeant de mon ame par la leur m'ont toujours défendu fur la feule conviction de mon innocence. Il faut leur prouver que ce preffentiment ne les trompoit pas.

Ma réputation a été trop long-tems livrée à la rage de mes ennemis, qui ne craignoient pas de réponfe; à la licence des gazettiers, juftifiée, il eft vrai, par l'appareil & la rigueur de ma détention. Comment fe perfuader que fous un gouvernement qui n'eft point atroce, & fur-tout fous un Roi dont les bonnes intentions font connues, un traitement fi févère n'eût pas des motifs proportionnés?

Un Miniftre étranger, qui s'eft intéreffé vivement pour moi, par fa propre inclination, &

par l'ordre de son Souverain, m'a dit à ma sortie, que jamais il n'y avoit eu *d'Affaire d'Etat* plus gravement traitée que la mienne; & que, malgré son penchant à me croire innocent, il avoit conclu de la manière dont on lui fermoit la bouche dans ses sollicitations que j'étois coupable d'un crime de *Lèse-Majesté*, dont on me fesoit grace de ne pas précipiter le châtiment.

Et tous ceux qui ont fait des démarches en ma faveur ont reçu le même accueil. Tantôt un silence glaçant; tantôt des marques de regret, & de pitié; quelquefois même des éloges qui sembloient indiquer une bonne volonté devenue impuissante par les raisons les plus terribles; enfin des demi-mots qui loissoient à l'imagination la plus vaste, la plus lugubre carrière sur l'énormité des délits, & la durée, comme la justice de la punition; voilà ce que trouvoient mes amis chez tous les gens en place, du moins chez ceux à qui l'on ne pouvoit pas supposer que les vrais motifs de ma détention fussent cachés.

Il est inconcevable, je l'avoue, que l'objet d'un semblable manège, non-seulement se trouve en définitif absolument innocent, mais même qu'il n'ait jamais été inculpé; il est inconcevable qu'en livrant sa personne à des traitemens que les plus grands crimes, les mieux prouvés, auroient à peine justifiés, on livrât de sang-froid son honneur à l'indiscrétion, à la malignité publique; qu'on autorisât cette malignité à regarder, à donner comme une preuve

de ſes attentats la rigueur injuſte dont on l'ac-
cabloit , & que les diſtributeurs de ces réti-
cences perfides fuſſent préciſement ceux qui en
connoiſſoient le mieux l'injuſtice & le danger :
qu'enfin ce danger, cette injuſtice entraſſent
dans les calculs de leur vengeance, dans le
lucre qu'ils prétendoient tirer de leur oppreſſive
impoſture.

Il eſt inconcevable qu'il exiſte un Miniſtère
capable d'une cruauté auſſi ſoutenue , auſſi raf-
finée, d'une hypocriſie auſſi profonde : il l'eſt
que des hommes occupés, ou cenſés occupés
des affaires publiques les plus importantes ,
trouvent le tems de combiner une ſi honteuſe
fraude ; qu'ils ſe liguent ainſi pour en impoſer à la fois au Prince qui les honore de
ſa confiance , & au public témoin de leurs
démarches ; qu'ils ſe conféderent pour perdre
par de ſemblables manœuvres, qui ? Un
ſimple particulier , un homme irréprochable ,
dont l'unique faute étoit d'avoir trop aimé ſa
Patrie , & pris trop de confiance dans leurs
paroles. Mais ce fait eſt plus vrai encore qu'é-
tonnant.

J'ignore, je le répète, ce que l'on a pu dire
au Roi ; de quelles calomnies on s'eſt ſervi pour
faire prévaloir dans ſon eſprit la néceſſité apparente de m'écraſer par un coup éclatant, ſur
le plaiſir qu'il paroiſſoit prendre à me lire, &
le penchant qu'il avoit à me protéger : jamais
rien ne m'en a été communiqué : pendant les
vingt mois de ma détention je n'ai pas ſubi

l'ombre d'un interrogatoire , pas l'apparence d'un examen Je porte aux Miniſtres de *France*, àla face de l'*Europe* , le défi ſolemnel de produire un ſeul acte qui prouve que l'on ait rempli à mon égard la moindre formalité.

Ma ſortie , comme on l'a vu , a été accompagnée du même myſtère : l'ordre d'exil n'a pas été moins ſilentieux : ainſi je ne puis me juſtifier préciſément ſur rien , puiſque j'ignore abſolument de quoi l'on a pu m'accuſer.

Mais c'eſt déjà , ſans doute un grand préjugé que ce ſilence envers un homme ſur qui l'on aggravoit d'ailleurs toutes les eſpèces de cruautés qui ſuppoſent une conviction complète & foudroyante.   Toutes les loix le proſcrivent ; on ne peut ſe le permettre qu'à la *Baſtille* , & peut-être en ce lieu même n'a-t-on jamais oſé ſe le permettre qu'envers moi.   Il ne faudroit pas d'autres preuves de la nullité , ou de la fauſſeté des accuſations.

Voici plus : voici qui achevera de lever toute eſpèce de doute : on n'a ceſſé de me dire à la *Baſtille* , que ma détention étoit émanée de la volonté directe & immédiate du Roi ; que je n'étois pas un homme aſſez obſcur pour qu'on eût hazardé un coup d'autorité contre moi ſans ſon aveu : c'eſt cette barriere ſacrée que l'on n'a ceſſé d'oppoſer à mes efforts pour découvrir, pour entrevoir au moins les motifs ſi ſoigneuſement cachés de ma détention. Cet aveu , cette volonté ont donc eu pour princepe des délations quelconques, des griefs articulés & précis.

Eh bien, calomniateurs audacieux, qui auriez réuffi à m'enlever l'eftime du Protecteur que la nature & la providence m'avoient donné, c'eft à fes pieds que je vous cite : je vous dénonce à fon ame honnête & franche que vous avez trompée. Si vous lui avez rien dit qui ait pu rendre un inftant fufpect mon amour pour fa perfonne, mon dévouement à fes intérêts, mon averfion, mon horreur pour toute efpèce de manœuvre, en général, & fur-tout pour celles qui auroient eu un but oppofé, je le déclare en termes formels, vous avez dit autant de menfonges que de paroles.

Et ne vous flattez pas d'échapper à mes inftances fous ce voile fi fouvent profané du refpect dû aux *Secrets de l'Etat* : ne vous abufez pas en efpérant qu'il cachera les refforts de votre defpotifme frauduleux comme la *Baftille* en cache les réfultats : Non ; je vous pourfuivrai jufques dans cet afyle que vous fouillez ; je ne cefferai d'y faire retentir ces mots terribles pour vous, & auxquels le Monarque équitable à qui je les adreffe, ne fera peut-être pas infenfible : « Vous l'avez trompé, ma conduite & „ ma plume ont toujours été pures comme mon „ cœur.„

Vous avez laiffé dire, affurer, imprimer dans toutes les gazettes, « Que j'avois tramé des „ projets dangereux ; que j'avois compofé , &

„ donné des mémoires capables d'attirer à la
„ *France* des réclamations embarrassantes, ou
„ du moins d'en réveiller le desir. „ C'est-là le
bruit que j'ai trouvé le plus accrédité, en sor-
tant du tombeau ; c'est-là l'opprobre auquel
vous aviez dévoué ma cendre, si, malgré vos
efforts, une main toute puissante ne m'en avoit
pas arraché.

Peut-être l'obstacle que vous avez mis à mon
retour à *Bruxelles*, a-t-il eu pour objet de confirmer encore, d'accréditer cette imposture aussi
criminelle qu'absurde. Peut-être, après avoir
eu l'art de la rendre probable aux yeux que vous
vouliez tromper, avez-vous eu celui d'empêcher
les éclaircissemens entre les deux Souverains
qu'elle intéressoit, & de prévenir une explication qui m'auroit justifié.

Peut-être même, redoutant la protection
dont m'honoroit l'auguste & vertueuse Princesse
qui est le lien de leur union, n'avez-vous forgé
cette calomnie que pour la réduire au silence
quand il s'agiroit de moi ; épouse de l'un, sœur
de l'autre, tant que les faits ne seroient pas
éclaircis, elle devoit craindre de paroître s'intéresser pour un homme suspect de leur avoir manqué également à tous deux : & comment éclaircir ces faits, puisque dans la matière délicate sur
laquelle vous portiez les soupçons il étoit si facile d'éluder les éclaircissemens !

Mais vous n'aurez pas le crédit d'étouffer la
protestation que je consigne ici. Renfermé ex-

clufivement dans mes travaux littéraires, je ne
me fuis permis d'autres fpéculations politiques,
fans exception, que celles que j'ai publiées dans
les *Annales* : j'ofe invoquer ici, pour détruire
l'impofture que vous avez ou inventée, ou to-
lérée, le Souverain augufte dont elle compro-
mettoit le nom. Loin de me livrer à la dé-
mence folle, qui auroit voulu préfager & juftifier le démembrement de la *France* ; c'eft dans
fon fein que je n'ai ceffé de me préparer une
retraite. (16) C'eft de fes profpérités que j'ai
perpétuellement fait dépendre la mienne, jufqu'au moment où vous avez payé l'attachement
le plus tendre par des fupplices à peine réfervés
à fes plus implacables ennemis, jufques-là elle
n'a point eu d'enfant plus foumis, de fujet plus
fidèle.

Si mon ame a conçu l'idée d'un fentiment
différent à ceux que je dévéloppe ici, fans
doute il en exifte quelque trace. Eh bien,
découvrez-les, produifez-les au jour : fouillez
tous les bureaux : mettez en mouvement les ef-
pions privilégiés dont vous payez fi cher l'activité clandeftine : fi en effet je fuis coupable,
la hardieffe de ma dénégation donnera autant
d'indignation contre moi, aux dépofitaires des
preuves de mes perfidies, que ma trahifon primitive leur auroit infpiré de mépris dès le
commencement : ils s'emprefferont de vous aider à confondre un impofteur hypocrite, qui
oferoit fe flatter d'abufer de leur indulgence, &
s'efforceroit de concilier l'apparence de la vertu avec les manœuvres du crime. Il n'y a ni

intérêt ni *fecret d'Etat* qui puiffe s'oppofer à ces révélations qui vous feroient fi précieufes.

Mais que je fuis loin de les craindre! Ma conduite, comme tous mes ouvrages, fans exception, n'a ceffé de porter l'empreinte d'un même fentiment : c'eft celui de l'entoufiafme patriotique : c'eft celui d'une délicateffe fur cet article pouffée jufqu'à l'excès. Voilà fur quoi ma bouche, ma plume, mon cœur ont toujours invariablement été d'accord. Voilà fur quoi il faut me démentir par des faits, ou reconnoître combien eft odieufe & criminelle la machination qui a pu rendre un inftant mon innocence problêmatique.

Mais mes écritures privées ont-elles été auffi intactes que mes actions publiques ? N'ai-je pas commis quelque imprudence intérieure, quelque indifcrétion fecrète qui ait pu juftifier l'animadverfion du Gouvernement ? N'ai-je pas choqué quelque homme puiffant, au rang de qui l'on ait cru devoir une réparation? Voilà la dernière reffource de mes perfécuteurs : & c'eft auffi le dernier trait de la fatalité qui me deftinoit à être un modèle d'oppreffion paffive dans tous les genres.

N'eft-il pas étrange, après ce que j'ai fouffert de la rage des corps, de la prévarication des hommes en place, que je fois obligé de me juftifier fur un pareil fujet ; de rendre compte de tous les foupirs que l'indignation a pu m'arracher, de toutes les convulfions que la douleur a pu me caufer ? Mais il faut bien me prêter à cette énumération , d'abord parce qu'elle eft néceffaire , & enfuite parce qu'elle achèvera de dévoiler toute l'horreur, toute la lâcheté des manœuvres dont j'ai été la victime.

Le feul grief de l'efpèce dont il s'agit qui m'ait été communiqué, celui qu'on m'a préfenté comme l'unique caufe de ma détention , c'eft une lettre à M. le *Mal. de Duras* : je ne prétens pas la juftifier , & la difcuffion en feroit fort inutile ; mais c'étoit une lettre particulière , & qui ne concernoit en lui que le particulier ; une lettre provoquée , néceffitée même, par des procédés plus repréhenfibles qu'elle n'étoit violente ; une lettre fecrète, que que je n'ai jamais montrée ; une lettre que je n'ai pas nié d'avoir écrite , parceque je ne fais pas mentir , mais que M. le Maréchal de *Duras* , au moins dans le public , a toujours nié d'avoir reçue ; une lettre dont il a toujours affirmé ne s'être pas plaint , dont en effet il s'eft fi peu plaint qu'on n'a pas pu m'en repréfenter l'original , malgré mes réquifitions , & qui par conféquent dans tous les cas, ne pouvoit devenir le fondement ni d'une procédure , ni d'une punition quelconque ; une lettre enfin fur laquelle ma réponfe, quand on m'a demandé fi je l'avois écrite , auroit dû faire rougir la haine, & défarmer la vengeance. (17)

Qu'elle quelle fût, il eft évident que l'éclat feul auroit pu la rendre criminelle , & elle n'en avoit pas eu. Quelle qu'elle fût, quand même elle auroit été publiée avec autant de scandale que ma détention en a produit, ce n'étoit pas *un crime d'état.* Quelle quelle fût, assurément elle n'auroit pas justifié vingt mois de *Bastille,* & une continuité du traitement le plus atroce dont cette enceinte infernale ait jamais été le théatre.

On sera curieux, je le sens bien, de connoître cette pièce, aussi fatale que mystérieuse; &, si je n'étois sensible qu'au desir de la vengeance je la publierois. Mais je respecte encore ici même les intentions du Roi : dès que ma lettre a pu lui déplaire, je l'abandonne : j'en fais le sacrifice au jugement qu'il en a porté, sans attacher d'autre prix à ce dernier hommage que la satisfaction de l'avoir rendu. (18)

Mais il en existe une autre dans les bureaux ministériels de *France,* qui a peut-être plus contribué encore que la précédente à mon infortune : celle-là on s'est bien gardé de la remettre sous les yeux du Roi, & en effet elle m'auroit garanti de tout, si elle avoit pu y paroître. On ne me l'a jamais rappellée : mais, comme je ne doute pas qu'elle ait influé beaucoup plus que l'autre sur la résolution du Ministère; comme il est évident qu'en se servant de la premiere pour aigrir l'esprit du Roi, on a eu la discrétion de lui cacher la seconde, qui n'avoit pu aigrir & alarmer que ses Ministres, je crois qu'il est de mon devoir de la consigner ici.

Elle eſt du lendemain de celle à M. le Ma‑
réchal de *Duras* : elle étoit adreſſée à M. *Le
Noir*, Lieutenant de Police , par les mains de
qui paſſoient les *Annales* pour ſe rendre dans
celles du diſtributeur.

Il faut ſe rappeller qu'en Mars 1780, les
Nᵒˢ LIX. & LX. avoient été arrêtés ſuccef‑
ſivement , à la ſollicitation de M. le Maréchal
de *Duras*, & du *Parlement de Paris*. J'avois
enduré patiemment la premiere ſuppreſſion : à
la ſeconde j'écrivis le 7 Avril 1780, à M. le
Maréchal de *Duras* la lettre qu'il ne montre
pas, ni moi non plus : & le lendemain , à M.
Le Noir, celle que voici.

„ *Bruxelles , 8 Avril 1780.*

„ MONSIEUR ,

„ Après avoir donné ma lettre d'hier à une
„ indignation trop légitime, je vais faire en‑
„ core quelques efforts au nom de la juſtice &
„ de la raiſon , quoique j'aie appris à mes
„ dépens combien elles ont peu de pouvoir
„ en *France* contre les manœuvres & le crédit.
„ Voici un court mémoire, que je vous prie
„ de remettre ſous les yeux des Miniſtres : on
„ ne manquera pas de dire encore, que *c'eſt*
„ *ma mauvaiſe tête* ; mais il me ſemble que ce
„ ſont mes bonnes raiſons.

„ Je ne puis concevoir que le Maréchal
„ de *Duras* veuille encore de l'éclat. J'avoue
qu'on

» qn'on ne peut rien ajouter à ce que M. le
» Comte *Desgrée* lui a dit : mais c'est quelque
» chose que de le répéter, & de faire observer
» au public que M. *Le Maréchal* n'en a pas
» obtenu satisfaction. Il me semble qu'à sa
» place c'est sur-tout le bruit qu'il faudroit
» éviter : il va en faire plus qu'il n'en a fait
» de sa vie.

» Quoiqu'il en soit, je ne puis que vous ré-
» péter ce que j'ai déjà eu l'honneur de vous
» dire plusieurs fois, sur ma répugnance à re-
» tomber dans toutes les tracasseries passées,
» sur le desir ardent que j'ai de n'y être plus
» exposé ; mais en même tems sur le courage
» avec lequel je les soutiendrai. Il m'en coû-
» tera ma fortune ; mais je suis accoutumé
» aux sacrifices.

» On a arrêté à *Paris* le débit des Numéros
» LIX. & LX. des *Annales* : ils sont publiés,
» distribués en *Angleterre*, en *Hollande*, en *Al-*
» *lemagne*, dans les *Pays-Bas* : ils le font en
» *France* même par les *contrefacteurs*. Arrêter
» à *Paris* seulement l'édition légitime, tandis
» qu'on tolère, qu'on favorise toutes les au-
» tres, c'est commettre une injustice révoltante,
» & encore plus inutile : on n'empêchera pas
» les Numéros prohibés d'entrer à *Paris*; on
» les y rendra seulement plus remarqués, plus
» courus, plus précieux : la sensation en sera
» plus vive, & plus prolongée. Je ne vois
» pas ce qu'il y a à gagner pour les inté-
» ressés.

„ Ces Numéros n'ont rien de répréhenfible
„ à beaucoup près. Le LIX. pouvoit être in-
„ finiment plus fort. Je ne fuppofe pas que
„ les intérêts du très-ridicule neveu de M. de
„ *Leyrit* (19) entrent pour rien dans cette fup-
„ preffion. Il ne s'agit donc que d'épargner
„ à M. le M^{al} de *Duras* le défagrément d'une
„ réflexion fâcheufe fur fon affaire : mais n'eft-
„ elle que dans ce Numéro, ou plutôt n'y eft-
„ elle pas adoucie, du moins à l'avantage du
„ Commandant ?

„ Quand deux hommes faits par leur nom
„ & leur état pour donner l'exemple de la pro-
„ bité dans les actions, & de la délicateffe dans
„ les paroles, s'accufent réciproquement à la
„ face de l'*Europe*, de friponnerie, de larcins
„ de toute efpèce, en articulant les mots ;
„ qu'ils s'adreffent à un tribunal réglé pour ob-
„ tenir réparation, juftice, & que ce tribunal
„ laiffe la chofe indécife, il commet au moins
„ une prévarication, & peut-être deux. S'il
„ y a un coupable, c'eft un fcandale qu'il ne
„ foit pas puni ; s'il n'y en a pas, c'en eft un
„ bien plus fort que l'arrêt étende les foupçons
„ au lieu de les détruire, & flétriffe deux in-
„ nocens au lieu de les abfoudre. Voilà tout
„ ce que j'ai dit : c'eft fur les Juges que
„ tombe ma remarque. Le Public n'eft pas
„ fi indulgent : c'eft l'Ecrivain de *Caftellan*
„ qu'il défigne comme le vrai coupable, & la
„ fuppreffion mandiée du Numéro LIX. ne le
„ réhabilitera pas.

„ Quant au Numéro **LX.** ce font des faits.
„ Les vexations des *Parlemens* ; leurs tyrannies
„ intérieures ; le fupport que tous les mem-
„ bres croient fe devoir, & fe donnent en effet
„ les uns aux autres dans les occafions où ils
„ devroient le moins fe permettre de confondre
„ leur caractère légal avec leurs intérêts par-
„ ticuliers ; la corruption des *Secrétaires*, leurs
„ manèges, leurs infidélités, leur habitude de
„ fe faire payer par les deux parties, &c. font
„ des chofes conftantes. Puifque l'autorité ne
„ veut ni punir ni réprimer ces abus, il faut
„ au moins que la certitude de ne pouvoir les
„ dérober à la cenfure publique y mette une
„ efpèce de frein : c'eft l'intérêt du Gouverne-
„ ment : c'eft celui même des Compagnies que
„ tant d'excès aviliffent.

„ *Tant que j'ai écrit d'*ANGLETERRE *je n'ai
„ éprouvé aucune tracafferie ;* (20) & j'ai écrit des
„ chofes bien plus fortes. C'eft cependant fur
„ le plan conçu, rédigé, exécuté en *Angleterre*,
„ & bien connu en *France*, que les conventions
„ ont été formées entre le Public de *France*, les
„ Poftes de *France*, & moi. C'eft d'après ce
„ plan que les foufcriptions ont été ouvertes
„ & reçues ; que la diftribution de l'ouvrage
„ a été autorifée ; que le Roi a accepté les
„ exemplaires que je lui ai adreffés directe-
„ ment : on n'a pas mis pour condition, que
„ je refpecterois les lâchetés des *Maréchaux de
„ France*, fi quelqu'un d'eux en commettoit,
„ ou les prévarications des Tribunaux. On

” n'en a mis aucune; je n'en aurois pas accep-
” té.

” Je n'ai jamais entendu me foumettre à
” aucune efpèce de Cenfure : au contraire, j'ai
” protefté hautement, j'ai imprimé plufieurs
” fois, que je n'aurois jamais d'autre Cenfeur
” que ma propre délicateffe. Je n'ai pas dit
” un mot qu'elle puiffe défavouer. D'où vien-
” nent donc les entraves auxquelles on pré-
” tend me foumettre?

” En repaffant la mer j'ai changé de lieu,
” mais non pas de cœur ; j'ai fait fans regret le
” facrifice de ma fortune; je ne ferai pas celui
” de mon indépendance , ni des prérogatives
” auxquelles un accord folemnel m'a donné
” droit. On peut me punir de mon amour
” pour la *France*, de ma confiance au Minif-
” tère de *France*, de mon dévouement en tout
” fens pour ma Patrie : on peut me détermi-
” ner, à force de dégoût, à ceffer d'écrire,
” on ne me réduira jamais à écrire en efclave.
” De toutes les indemnités que le Gouverne-
” ment de *France* me doit, la franchife de ma
” plume eft, ce me femble, la moins coû-
” teufe, & , j'ofe le dire, la plus utile pour
” lui. ”

Voilà, je n'en doute pas, & je n'en ai jamais
douté, quoique je n'en aie jamais parlé, la véritable caufe de mes infortunes ; voilà ce qui a
décidé le Miniftère de *France* à faifir l'occafion
de fe venger : il n'avoit pas pu refufer à la

hauteur, à la netteté de ma conduite, lors de ma fortie d'*Angleterre*, la parole folemnelle dont j'ai parlé ; il n'avoit pas pu trouver depuis même de prétexte pour la violer.

D'ailleurs, je dois à la mémoire de M. le Comte de *Maurepas* cette juftice : il n'étoit ni vindicatif, ni implacable : occupé uniquement de perpétuer fon repos & fon crédit, il ne cherchoit point d'autre jouiffance. Ce que les Annales avoient de gai, il s'en amufoit : le férieux, il ne s'en inquiétoit guère. Peut être même trouvoit-il plaifant que ce fut lui qui eut l'air de me protéger.

Ses agens dans l'adminiftration ne penfoient pas de même : les uns fe fouvenoient encore de la lettre à M. le Comte de *Vergennes*, & des portraits qu'elle contient : les autres redou-toient la franchife peu politique des *Annales*. Les filoux, a dit un homme fenfé, *craignent les reverbères :* le fuccès de cet ouvrage, les fuf-frages les plus refpectables réunis en fa faveur, l'empreffement de tout ce qui ne le redoutoit pas, c'eft-à-dire de tous les hommes vertueux & impartiaux, avoient enchaîné la mauvaife vo-lonté.

Mais, quand on eut pour arracher le con-fentement du vieillard la lettre du 8 Avril, que l'on ne montroit qu'à lui, & qu'il fut aifé de lui faire prendre pour des menaces ; quand on eut pour prévenir l'efprit du jeune Roi l'autre lettre du 7 qu'on ne montroit auffi qu'à lui, avec ce qu'on y a joint fans doute, & qui ne fe difoit également qu'à lui, il a été facile de fabriquer l'ordre qu'on avoit défefpéré peut-être jufques-là de fe procurer. On ne pourra pas douter que les chofes ne fe foient ainfi paffées, fi l'on fonge que la lettre à M. *Le Noir* eft du VIII AVRIL 1780, & la *Lettre de-cachet* du XVI du même mois.

Mais cette même date amène une bien autre conféquence : la feule idée en fait encore tref-faillir ma main ; & c'eft avec autant d'horreur que de faififfement que je vais la développer.

Le 16 Avril 1780, je n'étois pas en *France.* J'étois le maître de n'y jamais rentrer : fi mon aveugle fanatifme pour ma Patrie ; fi ma confiance, plus folle encore qu'aveugle, dans une promeffe de Miniftres *François*, jointe à mille trahifons, comme on le verra plus bas, ne m'avoit fait négliger des avis trop fûrs, je n'y ferois jamais rentré. La *Lettre-de-cachet* n'auroit donc jamais eu d'exécution. On forgeoit donc cette foudre au hazard, & fans favoir fi jamais elle produiroit fon effet. Le Miniftère de *France* a donc de ces réferves meurtrières ; il a des magafins où il dépofe ces inftrumens de fa vengeance ; & il attend paifiblement, comme un chaffeur à l'affût, que la proie vienne s'offrir d'elle-même au coup qu'il veut lui porter.

Il y a plus : il imite le manège de ce chaffeur dans fes préliminaires, comme dans fon objet. Vingt perfidies plus lâches les unes que les autres ont été multipliées succeffivement pour me déguifer le piège que l'on venoit de placer fur ma route. Le feul cours rendu à la publicité des *Annales*, immédiatement après le 16 Avril, n'en eft-il pas une de la plus criminelle efpèce !

Quoi ! l'on continuoit à répandre dans le public, fous la garantie de l'autorité royale, un ouvrage dont l'auteur étoit profcrit fecrètement, & devoué par les Miniftres à l'opprobre, aux rigueurs réfervées pour les ennemis du Roi & de l'Etat ! On continuoit à le recevoir pour le remettre au Roi ; on le lui remettoit : on feignoit d'applaudir aux marques de fatisfaction dont il continuoit de l'honorer : on avoit foin de m'en informer !

Le même organe par lequel tranfpiroient jufqu'à moi les nouvelles d'une approbation fi flatteufe, étoit employé à m'attirer à *Paris*. L'efpion mafqué en ami que la police penfionnoit, à mes dépens, depuis cinq ans pour pénétrer dans mes fecrets, inftruit que je n'ignorois pas celui-là, ne ceffoit de combattre l'effroi qu'il m'avoit infpiré, par cette confidération, qu'on n'auroit pas rendu la liberté aux *Annales* fi on avoit voulu l'enlever à l'auteur ; & que je pouvois fans crainte venir en *France*, puifque mes ouvrages étoient fi bien aceueillis à *Verfailles*. On fefoit ainfi fervir un nom facré à faciliter le fuccès d'une iniquité, dont ce même nom devoit être l'inftrument !

Elle n'a eu lieu qu'au bout de six mois; mais au bout de six ans, de vingt, la *Lettre-de-cachet* qui l'ordonnoit auroit eu la même efficacité. J'étois donc pour le reste de ma vie dévoué à subir, dans quelque tems que ce fût, l'atteinte de ce poignard; & dans la dernière vieillesse, lorsque rassasié de calamités, épuisé de travaux, je serois venu demander à ma patrie, pour prix de tant d'efforts, de sacrifices, la permission d'y mourir en paix, je n'aurois trouvé de porte pour y rentrer que la *Bastille*, ni d'autre tombeau que ses cachots!

D'après ces réflexions, quel nom donner, grand Dieu, à la *Lettre-de-cachet* du 16 Avril 1780! Comment qualifier cet empressement à la fabriquer, & cette patience à attendre le moment d'en faire usage!

Maintenant qu'on songe qu'une détention ainsi motivée, ainsi préparée, ainsi consommée, a duré près de *Deux ans;* qu'elle a porté à mes affaires & à ma santé un préjudice presque également irréparable; que si ma ruine absolue au civil, & mon anéantissement entier au physique n'en ont pas été le fruit, j'en suis redevable à une faveur particulière de la Providence, qui me prédestinant apparemment au ministère que je remplis en ce moment, c'est-à-dire, à publier les horreurs de la *Bastille*, m'a doué d'une organisation expresse pour les supporter.

Si c'étoit à M. le M^{al}. de *Duras* qu'on eut cru devoir une satisfaction aussi complète, on ne pourroit s'empêcher de répéter ce qu'a dit à cette occasion un des plus illustres Souverains de l'*Europe* : „ *Ce Monsieur de Duras est donc un bien grand Seigneur !* „

Les exemples ne font rien en ce genre : dans une matière où tout est caprice & despotisme, les autorités, les comparaisons font bien inutiles : je ne puis cependant m'empêcher d'en faire une.

Dans le nombre innombrable des *Embastille-mens* qui ont eu pour objet une satisfaction due à des personnes puissantes, on peut compter celui de *La Beaumelle*. Cet écrivain plus qu'indiscret avoit osé dans ses mémoires de M^de. de *Maintenon* insérer cette phrase : *La Cour de Vienne accusée depuis long-tems d'avoir toujours à ses gages des empoisonneurs* . . . . . Certainement l'offense étoit grave & publique : le châtiment pouvoit sans injustice être sévère, & la réparation éclatante.

Cependant *Cinq mois de Bastille* parurent suffisans. *La Beaumelle* trouva même une protection efficace dans la générosité de la Cour qu'il avoit insultée. C'est à sa sollicitation qu'il devint libre, & point *Exilé*.

Tout homme de guerre qu'est M. le M^al. de *Duras* ; tout homme de lettres qu'est M. le M^al. de *Duras* ; tout homme d'esprit qu'est M. le M^al. de *Duras* ; tout *académicien* qu'est M. le M^al. de *Duras* ; malgré tous ces titres, il n'est pas probable qu'il ait paru au Ministère *Fran-*

çois, lui tout feul, un perfonnage plus-impor-
tant que la Maifon d'*Autriche* entière ; quelles
que violentes qu'on veuille fuppofer mes fix
lignes ignorées à M. le M^{al}. de *Duras*, on ne
peut pas imaginer de les comparer à l'inculpation publique, & auffi atroce que fauffe, du ro-
man dont il s'agit.

Si donc M. le M^{al}. de *Duras* a bien voulu
fervir de prête-nom à la *Lettre-de-cachet* contre
moi, quand on l'a enfantée, il eft évident que
ce n'eft pas à lui que je dois en imputer la
durée ; il n'auroit pas demandé, on ne lui auroit pas offert, un fi long facrifice. (21) Il n'a
pas tenu à cette indifcrétion, ou plutôt à cette
malignité, qui me cherchoient par-tout des
torts, & au Miniftère *François* des excufes,
qu'on ne le crut exigé par une divinité terreftre
un peu plus impofante. Elles ne fe font pas
bornées à compromettre à mon occafion le nom
d'un feul Souverain. Après avoir donné mes
prétendues relations avec l'un comme le motif
de l'iniquité du 27 Septembre 1780, on a voulu
en rendre un autre directement complice. On
a publié qu'elle avoit été accordée aux inftances
de fa Majefté *Pruffienne*. Le bruit s'eft répandu,
& il fubfifte encore, que ce Monarque piqué de
l'Epître à M. d'*Alembert*, * & des détails que j'ai
cru devoir publier à l'occafion de la célèbre
affaire du *Meunier*,† & plus encore aiguillonné par

* Voyez le Tome IX. des *Annales Politiques*, &c.
page 79.
† Ibid. page 4 & fuivantes.

les inſtances des petits *Platons* de *Paris*, avoit ſol-
licité à *Verſailles* ma détention ; que le Miniſtère
de *France* n'avoit pu refuſer cette condeſcen-
dance à un Philoſophe auſſi important, & que
les portes de ma geole n'avoient pas pu s'ouvrir
ſans l'aveu de celui par l'ordre de qui elles s'é-
toient fermées.

Mais quelle apparence qu'un Légiſlateur
auſſi équitable, auſſi bienfeſant chez lui, ſe fût
abaiſſé juſqu'à ſolliciter une injuſtice, une oppreſſion pour ſon compte chez autrui ? Quelle
apparence qu'ayant fait tout récemment à l'Auteur des *Annales* l'honneur d'en adopter même
les expreſſions dans une de ſes loix, ‡ il ſe fût
permis un caprice de cette eſpèce contre ce
même écrivain, qui ne l'avoit jamais offenſé ?
Quelle apparence d'ailleurs que *Verſailles* eût
cru devoir un hommage auſſi cruel à *Potzdam*,
qu'on eût oſé faire au Roi de *France* la propo-
ſition de ſe rendre l'exécuteur des vengeances
du Roi de *Pruſſe* ?

Dans des délits publics, qui tendent à flétrir
l'honneur d'une Couronne, tel que celui de
La Beaumelle dont je viens de parler, les Princes
peuvent ſans doute ſe rendre les uns aux autres
le ſervice de les réprimer, quoiqu'ils n'y ſoient
pas perſonnellement intéreſſés ; mais dans tout

---

‡ Voyez le Tome VII. des *Annales Politiques*, &c.
page 434.

le refte ils portent entr'eux la jaloufie du pouvoir au point de protéger, & quelquefois au préjudice de l'ordre commun, même les coupables :
comment les foupçonner de fe concilier pour la
profcription d'un innocent ?

Enfin ce qui acheve de juftifier le Roi de
Pruffe, & de démontrer que je n'ai pas été le
Callifthène de l'*Alexandre* du *Nord*, c'eft la date
de la *Lettre - de - cachet* dont il s'agit. Le 16
Avril 1780 eft de beaucoup antérieur aux prétendus torts avec lefquels on auroit voulu la
lier. Il eft donc clair que ce Prince n'a point
fouillé fa carrière philofophique, en pourfuivant
avec un pareil acharnement un écrivain qui,
à la vérité, n'a point recherché fes faveurs, mais
à qui certainement il n'a pas pu refufer fon
eftime.

Le détail des traitemens que j'ai effuyés, la
longueur même de ma détention, font encore
autant de preuves qu'il n'y a eu aucune part.
S'il en avoit été le véritable auteur, la perte
de la liberté ne lui auroit-elle pas paru une réparation fuffifante ? Auroit - il exigé des Miniftres de *Verfailles* ces raffinemens de vengeance
dont je parlerai tout - à - l'heure ; ou ceux - ci
l'auroient - ils méconnu, outragé, au point de
croire s'en faire un mérite auprès de lui ? Loin
de fe prêter à prolonger ma détreffe, fa géné-
rofité ne l'auroit - elle pas preffé de fuivre
l'exemple de la Cour de *Vienne* envers *La Beaumelle* ? Infiniment moins fondé à fe plaindre,
auroit - il été plus implacable ? Auroit - il pref-

crit à la *Bastille* envers un *François* des rigueurs, qu'un de ses sujets, vraiment criminel, n'auroit pas eu à craindre à *Spandaw* !

Il est bien étonnant que le nom de deux aussi grands Princes se trouve ainsi mêlé dans les infortunes d'un simple particulier, de celui peut-être de tous les hommes qui ont cultivé la littérature, à qui sa simplicité personnelle, son éloignement pout toute espèce d'éclat, son horreur pour toute espèce d'intrigues, son indifférence pour la fortune, & tous les objets de l'ambition, auroit peut-être dû le plus épargner les dangers attachés à l'honneur d'être connu des Souverains : mais enfin il est au moins aussi évident que ni l'un ni l'autre de ceux dont je parle ici n'a pu y contribuer. Ma détention n'a pas plus eu paur cause dans son principe, ou dans sa durée, de prétendues réquisitions parties de *Berlin*, que de prétendus renseignemens envoyés à *Vienne*.

Mais quel a donc été l'objet, le motif de cette durée ? Pour celui-là on ne me l'a pas caché : c'est la seule confidence que l'on m'ait jamais faite à la *Bastille* : c'est la seule réponse dont on ait jamais honoré mes supplications.

Au bout de quinze jours on m'a dit franchement, qu'il ne s'agissoit plus de M. de *Duras :* „ Et de quoi s'agit-il donc ? Oh, ils craignent „ que vous ne cherchiez à vous venger : on „ vous ouvriroit les portes tout à-l'heure, s'ils „ étoient sûrs que vous n'éclatassiez pas contré

» eux : » car en me parlant des Dieux de ce *Tartare*, c'est-à-dire des Ministres, on ne se servoit jamais avec moi que de ce mot collectif ILS. Voilà ce qu'on n'a cessé de me dire pendant *Vingt mois*, & ce que le Public savoit bien sans que je le lui apprisse.

Qu'on se mette à ma place, & qu'on apprécie de quelle terreur, de quelle accablante indignation ces lâches aveux devoient remplir mon ame. C'étoit donc un éclat futur & incertain qui déterminoit ma servitude présente ! Après m'avoir immolé à une vengeance injuste, on en éternisoit les effets uniquement pour la tranquillité de mes oppresseurs ? Suivant leur rituel politique je devois être captif tant que je serois à *craindre*, c'est-à-dire, tant que mon ame ne seroit pas avilie, ou mes organes dérangés, ou au moins mes foibles talens détruits par les glaces de l'âge, & les convulsions du désespoir.

Quelle inconcevable destinée ! Quand il s'étoit agi de m'enlever mon état, pour complaire à une troupe d'assassins en robe, un *Avocat-Général* leur complice n'avoit pas eu honte de dire en plein tribunal, en pleine audience, qu'on ne pouvoit pas me le laisser, à cause des troubles que *je ne manquerois pas d'exciter* UN JOUR, * dans je ne sais quel ordre ; & ici, où il s'agissoit de ma personne, on la

---

* Voyez l'*Appel à la Postérité*, page 35.

dévouoit froidement à un esclavage sans terme, en considération du ressentiment *que je ne man-querois pas d'avoir* UN JOUR !

Ainsi toujours paisible dans le fait , & redou-table en idée ; toujours irrépréhensible au pré-sent, & coupable au futur, c'est de l'avenir qu'on me punit ! Mes ennemis n'ont jamais pu excuser leurs iniquités que par une pré-science plus inique encore ! Ils ont toujours donné pour motif de leurs injustices actuelles mon ressentiment *infaillible* contre leurs in-justices passées ! Jamais on n'a voulu essayer si ce n'étoient pas ces prophéties dictées par une timidité stupide , ou une haine adroite , qui manquoient de fondement !

Sans doute c'en étoit bien ici l'occasion : l'ame pure & sensible du Roi s'étoit émue au souvenir de ma détresse. Quand l'intrigue s'agitoit pour éblouir sa droiture, & la ca-lomnie pour l'égarer ; elle avoit veillé , parlé pour moi : il avoit senti que la punition des fautes , qu'elles quelles fussent , dont il me croyoit alors coupable, ne devoit pas être éter-nelle. Un pressentiment secret de mon inno-cence, lui avoit peut-être, même avant ceci, déjà rendu suspect l'acharnement de ses Con-seillers : malgré leurs efforts il a prononcé le *Surge & ambula* tout puissant , qui a mis fin à mes infortunes.

N'étoit-ce pas là le moment, si la raison du moins, au défaut de la justice ; si une politique éclairée avoient pu quelque chofe fur l'eprit des Miniftres, d'effayer ce que pourroit l'indulgence fur le mien, fur cette ame indomptable, dont ils prétendoient avoir été forcés de punir les écarts avec tant d'éclat? Je n'ai ceffé de le répéter, dans les mille & un mémoires que j'ai foupirés du fond de la *Baftille* : je ne connoiffois encore ma Patrie que par fes rigueurs; & je l'avois adorée : quelle auroit été mon idolâtrie à l'inftant où abjurant une prévention injufte, & des caprices cruels, on lui auroit permis de me tendre les bras; où à ce fentiment que fes duretés n'avoient pas altéré, j'aurois pu joindre celui de la reconnoiffance pour un premier bienfait; * où rentré dans les droits du refte de

---

* Ce mot comporte un éclairciffement que je ne puis renvoyer aux Notes : il eft trop important pour moi qu'on ne le perde pas de vue.

Parmi les abfurdités, & les menfonges fans nombre dont mon infortune, comme c'eft l'ufage, m'a rendu l'objet, on en a gliffé une qu'il ne m'eft pas permis de méprifer : on a dit, on a écrit, on a imprimé que le Miniftère de *France* avoit fur moi des droits d'autant plus forts, que j'en recevois *une penfion de deux mille écus.*

Je fuis obligé de déclarer, qu'il n'y a jamais eu d'impofture plus impudente. Il eft inconcevable qu'on l'ait hazardée, poftérieurement au 27 Septembre 1780, après ce que j'avois dis en Août précédent, N°. LXIX. des *Annales*, page 296 :

" Il n'y en a qu'un feul (des Rois de l'*Europe*) envers
" qui le refpect, l'attachement, la fidélité, foient pour

de la famille, j'aurois pu me dire à moi-même:
des préjugés fâcheux m'ont nui : eh bien, tra-
vaillons à les détruire : on m'a reproché de la
violence, de la fougue : pouffons la douceur,
& la patience jufqu'à l'excès : tâchons de dif-
fiper les craintes, de défarmer la haine, d'ôter
tout prétexte à l'inquiétude.

***

" moi des des devoirs; un feul de qui J'EUSSE PU accepter
" les bienfaits fans rougir, & fans fcrupule. Or, celui-
" là je ne lui ai jamais demandé, je ne lui demanderai
" jamais que juftice."

Il ne s'agit pas ici de la réponfe que l'on a faite à
cette demande : mais il eft clair que l'homme qui tenoit
ce langage publiquement, dans un ouvrage imprimé,
n'étoit pas *penfionné*.

Les feules marques d'attention que j'ai reçues dans ma
vie, du Miniftère de *France*, font trois *Lettres-de-cacpet*;
l'une de *Baftille*, & deux d'*Exil*, dont la première étoit
la puninition d'avoir défendu, comme *Avocat*, M. de *Bellegarde*, condamné folemnellement d'abord comme coupable, & folemnellement reconnu innocent, trois ans
après.

Les autres affaires que j'ai traitées, foit comme Jurif-
confulte, foit fimplement comme Homme de Lettres, ne
m'ont pas toutes valu des diftinctions auffi flatteufes :
mais il n'y en a pas une dont l'ingratitude des cliens
que je fauvois, les prévarications des tribunaux que je
forçois d'être juftes, la ftupidité, ou la corruption des
hommes en place que je démafquois, n'ait empoifonné
pour moi le fuccès. Il n'y a point d'amour-propre à
dire que le Barreau & la Littérature n'ont point produit
d'homme dont la vie ait été femée d'anecdotes plus in-

D

En fortant du fépulchre, ces difpofitions mon premier mouvement a été de les confir- mer : *Lazare* nouveau, débarraffé du fuaire fu- nèbre qui avoit pendant vingt mois intercepté tous les mouvemens de ma bouche & de mon cœur, c'eft la fenfibilité, c'eft l'amour de la paix, c'eft la *Reconnoiffance* que j'ai annoncé : pendant cinq femaines entières je n'ai ceffé de tendre vers ces defpotes pufillanimes autant qu'impla-

---

croyables en ce genre depuis la Défenfe de M. le Duc d'*Aiguillon*, jufqu'à mes Réflexions fur celle de M. de *Lally*.

J'oferai dire plus, quand on devroit m'accufer d'a-mour-propre, & réveiller les anciens cris d'*égoifme* : il n'y a pas eu d'écrivain dont le zèle ait été plus pur, l'ame plus inacceffible au manège, en tout genre, comme aux confidérations perfonnelles, les faibles talens plus exclufivement dévoués à la défenfe de la juftice, à la manifeftation de la vérité : & il y paroît bien, aux fruits que j'en ai tirés.

Puifque j'ai parlé ici de l'exil occafionné par la défenfe de M. de *Bellegarde*, je dois rendre hommage à la géné-rofité de M. le Maréchal de *Biron*, en cette occafion. Il étoit Chef du Confeil de Guerre que la *Lettre-de-cachet* fembloit venger. Il fe donna les plus grans mouvemens pour en précipiter la révocation. A mon retour l'ac-cueil le plus honnête, le plus flatteur, fut l'appareil qu'il mit à ma bleffure.

Des Chevaliers *François* tel eft le caractère :

Mais ce n'eft pas apparemment celui des Chevaliers *Littérateurs*, ni des Maréchaux *Académiciens*.

cables, des mains encore meurtries des fers dont ils les avoit fi long-tems chargés. Je ne leur demandois que la grace de m'éprouver, & je n'ai pu l'obtenir ! Ils n'ont ofé croire que mes paroles fuffent fincères ! Indignes d'apprécier mon cœur, ils ont cru leurs *Lettres-de-cachet* un frein plus fûr que ma délicateffe : & quand la jouiffance d'une liberté déformais inaltérable, me confole à-peine du prix qu'elle me coûte ; ils s'applaudiffent peut-être de la fagacité qui leur féfoit deviner l'ufage *Infaillible* que j'en ferois.

Ecartons ces retours & ces regrets qui n'ont plus d'application : n'ayant pu être admis à convaincre les Miniftres de *France* de ma ré-fignation, profitons au moins de la faculté qu'ils m'ont forcé de me donner de démafquer aux yeux du Public leurs injuftices, de révéler leurs barbaries. Les unes font déjà bien con-ftantes : entrons enfin dans le détail des autres : & fi, à la lecture de ces mémoires quelques lecteurs font tentés de dire que jamais oppreffion n'a été reprochée avec tant d'énergie, forçons les de convenir également qu'il n'y en a jamais eu d'auffi cruelle.

§. III.

Du Régime de La Bastille.

Je ne touche point ici pour le préfent à une queftion délicate, dont la difcuffion feroit plus pénible que la folution n'en pourroit être utile. Je ne cherche point fi les *Prifons d'Etat* font néceffaires à un gouvernement ; s'il faut à toutes les adminiftrations de ces dépôts fouftraits à l'infpection des Loix ; fi ce reffort violent, & toujours dangereux, peut être regardé comme indifpenfable dans des machines qui, pour fe conferver, ont quelquefois befoin d'effuyer des fecouffes extraordinaires ; fi enfin ce qu'on défigne en *France* par le nom bizarre de *Lettre-de-cachet*, eft une maladie particulière & propre à ce royaume, comme la *Pefte* à l'*Egypte*, la *Petite Vérole* à l'*Arabie*, les inondations de cendres brûlantes au voifinage des *Volcans*, &c. ce problême eft à-peu-près réfolu par les faits ; fi cette folution n'eft pas celle qu'admettroit une philofophie humaine, elle n'en eft pas moins adoptée par une politique univerfelle.

On ne voit point de nation chez laquelle l'autorité n'ait ufé de cette reffource, ou de quelque équivalent. *Rome* dans le tems de fa plus pure liberté avoit des *Dictateurs*. Les ordres de ce magiftrat fuprême valoient bien des *Lettres-de-cachet*, puifqu'il difpofoit fans appel, & fans rendre de compte, non-seulement de la liberté, mais de la vie des citoyens.

A *Sparte* la *Raison d'état* pouffoit le defpotifme encore plus loin, pour ainfi dire. Les Rois mêmes, c'eft-à-dire les chefs de la nation, y étoient foumis; les *Ephores* pouvoient les envoyer en prifon: c'étoit à la vérité le contraire d'une *Lettre-de-cachet*; mais enfin c'en étoit une efpèce.

Je vois que dans le lieu de l'univers où l'Adminiftration eft le plus furveillée, le plus reftrainte, dans celui où l'on a le mieux réuffi à garantir les particuliers fans pouvoir des abus arbitraires du pouvoir, à *Londres* même, il exifte une *Tour* deftinée à renfermer les *Criminels d'état*. Le *Parlement*, ce gardien des libertés privées, autant que des franchifes publiques, non-feulement ne marque pas d'effroi à l'afpect d'une citadelle qui femble ménacer les unes & les autres; mais il en fait quelquefois ufage: il ne croit par-là ni violer, ni compromettre les privilèges du Peuple. (22)

A plus forte raifon une femblable inftitution pourroit-elle paroître excufable en *France*, où les caractères étant plus impétueux, les prétentions des différens pouvoirs qui ne ceffent de s'y choquer moins circonfcrites, & l'autorité royale fans bornes comme fans étendue bien conftatées, on peut dans de certains momens s'imaginer avoir befoin d'un frein, ou d'un épouventail qui défende les prérogatives du trône, si ce ne sont pas celles de la nation. Mais encore une fois je n'entre point ici dans cet examen : ce n'est pas de la légitimité de la *Bastille* que je m'occupe en ce moment ; c'est de son régime. Or ce régime est horrible : il ne ressemble à rien de ce qui s'est jamais pratiqué, ou se pratique aujourd'hui dans le monde. (23)

Si dans les relations de ces voyages qu'une effervescence passagère a tant multipliés ces dernières années, nous lisions qu'aux Terres *Australes*, dans quelques-unes des îles que la nature sembloit y avoir cachées au reste du monde, il existe une nation légère, douce, frivole même par essence ; dont le gouvernement n'est point sanguinaire ; où les affaires les plus sérieuses prennent toujours une tournure plaisante ; & dans la capitale de laquelle cependant on conserve avec soin un abyme, où tous les citoyens sans exception peuvent être à chaque instant précipités ; où en effet on en précipite journellement quelques-uns, sur des ordres dont il n'est possible n'y d'éviter le coup, ni d'espérer l'examen, ni souvent de pénétrer le motif ou le prétexte:

Que l'infortuné ainsi évanoui se trouve alors séparé du monde entier ; plus éloigné de ses parens, de ses amis, & sur-tout de la justice, que s'il étoit transféré dans une autre planète ; que ses réclamations sont étouffées sans ressources, ou du moins n'ont qu'un seul canal pour se produire au dehors, & c'est précisément celui qui est toujours intéressé à les supprimer, en raison de ce que leur motif, c'est-à dire l'oppreffion qui les neceffite , eft plus grave & plus palpable :

Qu'il eft abandonné, au moins très-long-tems, fans *livres*, fans *papier*, fans communication avec qui que ce foit, au tourment d'ignorer ce qui fe paffe au dehors, ce que deviennent fa famille , fa fortune, fon honneur , & de quoi on l'a acculé, & de quoi on l'accufera, & quel fort on lui réferve ; tourment dont une folitude fans aucune efpèce de diftraction rend à chaque minute les aiguillons plus vifs, & la fenfation plus profonde :

Qu'il n'a d'autre caution de la fûreté de fa vie que la délicateffe de fes gardiens, gardiens qui, malgré le figne d'honneur attaché à leur vêtement, étant capables pour de l'argent de s'avilir jufqu'à fe rendre fur un ordre arbitraire de lâches fatellites , ne répugneroient pas fans doute à fe charger d'un miniftère plus lâche encore, & plus barbare, fi on l'exigeoit d'eux au même titre ; qu'ainfi il peut très-raifonnablement voir la mort dans chaque aliment qu'on lui fert; qu'à chaque fois qu'on ouvre fa porte, le cri lugubre des verroux qui la chargent peut lui paroître le précurfeur d'un arrêt de mort, & le fignal de l'arrivée des muets deftinés à l'éxécuter; fans que le fentiment de fon innocence, ou l'équité du Prince, foient pour lui un motif de tranquillité , puifque la premiere furprife faite à celle-ci peut être fuivie d'une feconde ; puifqu'on a fur fa vie le même droit que fur fa liberté ; puifque les mêmes mains qui fe prêtent

à l'affaffiner moralement mille fois par jour e n
vertu d'une *Lettre-de-cachet*, ne fe refuferoient
pas fans doute à le tuer phyfiquement une fois,
d'après la même autorifation ; & que dans un
lieu où tout eft douleur & myftère il n'y a pas
d'attentats qui ne puiffent être commis & cachés
avec la même facilité :

Que s'il conferve fa fanté, elle n'eft qu'un
fupplice de plus, parce que fa fenfibilité eft plus
vive, & fes privations plus douloureufes ; fi elle
fuccombe, comme il arrive prefque toujours, le
régime de la maifon qui ne change point le
livre fans fecours, fans confolation, à l'idée horrible qu'il ne peut échapper ; qu'il va laiffer fa
famille malheureufe, fa mémoire compromife ;
que fa cendre fera privée des derniers tributs
payés par la tendreffe aux objets qu'elle a perdus ;
que fa fin fera peut-être ignorée ; que fa femme,
fes enfans abufés, feront encore des vœux & des
efforts pour fa délivrance, long-tems après que
le tombeau où il a été enfeveli vivant ne con-
fervera plus que fes offemens décharnés :

Si un pareil tableau fe trouvoit dans les voyages de *Cooke*, ou de l'Amiral *Anfon*, quelle impreffion produiroit-il ?   Ne prendrions-nous
pas le peintre pour un impofteur ; ou bien, en
nous applaudiffant de vivre dans des contrées
exemptes d'une pareille fervitude, ne conce-
vrions-nous pas un mépris mêlé d'horreur pour
un gouvernement fi barbare, & une nation fi
-avilie ?

Helas ! c'eft celui de la *Baftille*, & qu'il eft

encore au-dessous de la vérité ! Qu'il est loin de rendre ces tortures de l'ame, ces convulsions prolongées, cette agonie perpétuelle qui éternise les douleurs de la mort, sans jamais en amener le repos ; enfin tout ce que les geoliers de la *Bastille* peuvent faire souffrir, & ce que personne ne peut peindre !

Le premier article de leur code c'est le mistère impénétrable qui enveloppe toutes leurs opérations ; mystère qui s'étend jusqu'à laisser du doute non-seulement sur la *résidence*, mais sur la *vie* de l'homme disparu entre leurs mains ; mystère qui ne se borne pas à interdire sans exception tout accès auprès de lui aux nouvelles qui pourroient, ou le consoler, ou le distraire, mais qui empêche également qu'on ne puisse vérifier ni où il est, ni même s'il est encore.

L'homme qu'un officier de la *Bastille* voit & angarie tous les jours, il soutient sans rougir quand on lui en parle dans le monde, qu'il ne l'a jamais ni vu, ni connu. Quand mes vrais amis sollicitoient auprès du Ministre chargé du département de ces *Oubliettes* la permission de me voir, il répondoit comme un homme étonné, même qu'on put me croire à la *Bastille*. Le Gouverneur a souvent juré à plusieurs d'entre eux, sur son *honneur*, & *foi de Gentil-homme*, que je n'y étois plus, que je n'y avois pas été huit jours ; car le scandale de ma détention, le soin que l'on avoit eu de l'opérer en plein jour, & en pleine rue, ne lui permettoit pas de soutenir, comme il l'auroit fait sans cela, que je n'y étois jamais entré.

Un laquais ment de même à la porte de son maître quand il en reçu l'ordre : mais ce n'est que pour écarter des visites importunes : ses faussetés ont un but utile, ou un effet agréable : il ne les appuie point par un air pénétré, ni par des sermens : & cependant cet emploi l'avilit. Appréciez donc celui d'un Ministre, & d'un Gouverneur de la *Bastille*, qui ne trompent que pour tourmenter, & dont les mensonges ne produisent que des douleurs.

J'ose le demander quel est l'objet de cette incertitude affectée où on laisse un public entier, des amis, une famille, sur l'existence physique de l'homme qu'on leur a ravi ? Ce ne peut pas être de faciliter les moyens de le convaincre, & d'assurer son châtiment : car, 1°. cette clandestinité n'ajoute rien à ceux que l'on a d'ailleurs, soit pour instruire son procès, soit pour consommer sa punition, s'il y en a une de prononcée : 2°. mon exemple prouve que la *Bastille* recèle souvent des hommes à qui non-seulement on ne veut pas faire de procès, mais à qui l'on n'en peut pas faire ; & ce sont précisément ceux-là sur le sort de qui l'on affecte d'épaissir le plus le nuage : dans quel dessein, je le répète ?

Le régime de ce Château étant expressément institué pour déchirer les ames, pour rendre *la vie dure*, comme on me l'a dit naïvement une fois, un des questionaires à *croix de St. Louis*, qui ne frémissent pas de ces fonctions, je conçois que l'isolement absolu, l'ignorance sans exception où l'on tient un prisonnier de ce que l'on a fait, de ce que l'on fait, de ce que l'on fera, pour ou contre lui, est un moyen parfaitement convenable au but que l'on se propose ; rien n'est mieux imaginé pour faire passer un homme par toutes les gradations du désespoir, sur-tout s'il a le malheur d'avoir une de ces ames fières & actives, que le sentiment de l'injustice révolte, pour qui l'occupation est un besoin, & l'attente un supplice : mais pourquoi faut-il associer à ses tourmens ses parens, ses amis, que l'un feint de ne pas vouloir associer à ses infortunes ?

Au moins quand il y a un procès établi, on connoît la nature de l'accusation ; on sait jusqu'où elle doit s'étendre : on suit les progrès de la procédure ; on ne perd point la victime de vue, jusqu'au sacrifice, ou jusqu'au triomphe. L'inquiétude a des bornes, & la douleur des consolations.

Mais ici, tandis que l'infortuné soustrait à tous les yeux accuse ses amis, sa famille de l'oublier, ils tremblent qu'on ne leur fasse un crime de se souvenir de lui : sa captivité dépendant d'un caprice, ses fers pouvant ou tomber à chaque moment, ou se perpétuer sans fin, chaque jour est pour ceux qui espèrent de le revoir, comme pour lui, une période complette, où ils épuisent toutes les angoisses de l'attente, & toutes les horreurs de la privation : le matin on pleure du souvenir de ce que l'on a déjà souffert, & le soir par la certitude d'avoir encore à souffrir, sans qu'il soit possible même d'entrevoir une fin à ces supplices; où si l'imagination essaie de s'en fixer une, ce n'est que pour se préparer de nouveaux déchiremens.

Dans les vues de l'instituteur primitif du régime de la *Bastille*, cette effroyable politique avoit un objet : c'étoit de se défaire sans bruit, & sans éclat, des hommes pour l'assassinat de qui le bourreau lui auroit refusé son ministère : quand il avoit proscrit un innocent, car on ne proscrit que ceux-là, les coupables on les juge; quand il avoit proscrit un innocent, il vouloit qu'on ignorât l'époque de sa mort, afin de ne la fixer qu'au moment précis qui convenoit à ses intérêts, ou à sa vengeance.

Mais *Louis XVI* n'est pas *Louis XI* : l'un est aussi humain que l'autre étoit barbare : l'un respecte autant la justice & les loix; il en recommande aussi soigneusement l'observation, que l'autre se plaisoit à les faire violer, & à donner l'exemple de l'infraction. Comment donc conserve-t-on sous l'humanité de *Louis XVI* le régime inventé par la tyrannie de *Louis XI* ? Comment sous le Prince à qui l'équité est chère, & le sang des hommes précieux, les sujets sont-ils exposés aux mêmes catastrophes que sous celui pour qui les exécutions étoient un spectacle délicieux, qui appelloit le bourreau son *Compère*, & ne marchoit jamais que sous l'escorte d'un satellite, son compère aussi, mais plus féroce, plus sanguinaire que tous les bourreaux ensemble ?

Encore si c'étoit la gravité des délits, ou l'espèce des personnes qui déterminassent cet étrange & périlleux incognito ; si l'on ne couvroit de ce voile funèbre que ces hommes dévoués par l'énormité de leurs forfaits à un supplice prochain, ou des intriguans que leur naissance, ou leurs richesses, ou leurs relations rendissent redoutables, on auroit au moins une excuse, ou un prétexte.

Mais la *Bastille*, comme la mort, égalise tous ceux qu'elle engloutit : le sacrilège qui a médité la ruine de sa patrie ; & l'homme courageux qui n'est coupable que d'en avoir défendu les droits avec trop d'ardeur ; & le lâche qui a traffiqué des secrets de l'Etat, & celui qui a dit aux Ministres des vérités utiles, mais contraires à leurs intérêts ; & celui qu'on enchaîne de peur qu'il ne déshonore sa famille par des crimes, & celui dont on ne redoute que les talens sont tous plongés dans les mêmes ténèbres. *

----

* Cela n'est pas tout-à-fait exact. On verra plus bas en faveur de qui, & dans quel cas ces ténèbres s'éclaircissent. Ainsi je ne prétens pas qu'il n'y ait jamais d'exception ; je parle du *régime général*, de ce que j'a éprouvé personnellement, de ce que l'on m'a dit sans cesse être le costume habituel & l'ordre commun de la maison. On sent bien que c'est sur-tout à l'innocence qu'il doit être funeste. Dans des rigueurs dont le caprice dispose, il n'y a que la protection qui puisse procurer des dispenses : or dès qu'un homme innocent est à la *Bastille*

Et qu'on y songe bien : elles font doubles : elles empêchent de voir, comme d'être vu : non-feulement elles otent au prifonnier la connaiffance de ce qui peut l'intéreffer perfonnellement, la faculté de régler fes propres affaires ; de prévenir par des arrangemens définitifs ou provifoires, fa ruine, & celle quelquefois de fes correfpondans, celle fur-tout d'éclairer fes protecteurs, de défarmer fes ennemis ; enfin, tout ce qui pouroit l'occuper utilement : mais elles lui dérobent jufqu'à l'afpect des affaires publiques qui pourroit le diftraire : devenu étranger à l'univers entier, on ne lui permet pas même de s'informer de ce qui s'y paffe. Il y a peut-être dans ces cahots tel homme qui fatigue journellement de fes priéres *Louis XV.* & le Duc *de la Vrilliere* : il fe croit encore enchaîné par eux : il eft fans ceffe à genoux devant ces deux fantômes dont il n'exifte plus que la mémoire : & les officiers du lieu, témoins de fon erreur, ont la ftupide délicateffe, ou le fcrupule barbare de ne pas l'en tirer.

De cette ignorance active & paffive, il réfulte des effets infiniment funeftes pour l'infortuné ainfi abufé : s'il n'a été facrifié, par exemple, qu'à la vengeance perfonnelle d'un homme en place, il n'eft point foulagé par la

---

il eft bien clair, ou qu'il n'a pas de protecteurs ; ou que fes protecteurs font moins puiffans que fes ennemis. C'eft donc fur-tout pour lui qu'eft préparé l'abominable régime dont il eft ici queftion.

chûte même de ce coloffe dont la profpérité l'a écrafé. Il ne peut pas s'en prévaloir par lui-même, puifqu'il n'en eft pas inftruit : s'il n'a pas des amis ardens ; fi fa famille eft timide, ou obfcure, ou indifférente, ou éloignée, l'op-preffion refte la même, quoique l'oppreffeur foit évanoui. Le fucceffeur fonge bien plutôt à ufer de la même reffource, qu'à redreffer les torts qu'elle a produits. Le prifonnier refte à la *Baftille*, non pas parce qu'on defire qu'il y foit, mais parce qu'il y eft ; parce qu'on l'oublie ; parce que les bureaux ne font pas follicités, & que rien n'égale la difficulté de fortir de ce puits meurtrier, fi ce n'eft la facilité d'y tomber.

J'en puis citer un exemple, autre que le mien, & fans compromettre perfonne. De mon tems la *Baftille* recéloit un *Génevois*, nom-mé *Pelifferi*. Son crime unique étoit d'avoir fait quelques remarques fur les opérations financières de M. *Neker*. Quand un hazard très-fingulier m'en a inftruit, il y étoit depuis trois ans : il y eft peut-être encore ; & ne con-noit ni la fubverfion de fa patrie, ni celle du Miniftre qu'il accufe avec raifon de la fienne. Il ne fortira que quand un autre hazard, ou peut-être la mention que j'en fais ici rapplera fa mémoire aux cerveaux mobiles qui maîtrifent l'immobilité de la *Baftille* : peut-être enfin fen-tira-t-on combien il eft affreux d'éternifer ainfi au nom de l'*Etat* la vengeance perfonnelle d'un adminiftrateur paffager ; de punir un étranger, un homme honnête, d'avoir été affez éclairé pour preffentir ce que le gouvernement ne devoit pas tarder à faire lui-même; car enfin que reste-t-il des opérations de M. *Neker*? Si M. *Pelifferi* a été coupable en les censurant, que font donc ceux qui les ont détruites? (24)

Peut-on ne pas frémir d'horreur, en songeant que celles dont je trace le pénible tableau, ont été le prix d'une indiscrétion, qui, quelques mois plus tard, est devenue, non-seulement une action prudente, mais une nécessité. Le panégyriste de M. *Neker* aujourd'hui risqueroit sans contredit de se trouver le commensal de son critique : & ftandis qu'un despotisme sans pudeur multiplie arbitrairement les victimes de ces terribles inconséquences, leurs réclamations se perdent dans les ténèbres inaccessibles dont je parle.

Encore une fois, qu'on y songe bien, rien n'en sort, comme rien n'y pénètre : les tentatives même qu'un prisonnier peut hazarder, auprès de ses protecteurs, pour les intéresser à obtenir ou une procédure ou un pardon, on les intercepte, on les ensevelit : avertis même par ces indications indiscrètes des côtés par lesquels il peut se flatter d'être secouru, les limiers de la Police se hâtent de fermer les passages aux efforts que l'on pourroit tenter en sa faveur. On ne lui laisse le pouvoir de solliciter ceux qui peuvent solliciter pour lui, que quand il a bu jusqu'à la dernière goutte la mesure de fiel que le despotisme & la haîne lui ont préparée.

Ses

Ses lettres, quand on ne lui enlève pas la faculté d'écrire, passent toutes ouvertes à la *Police* : ou bien elles y font décachetées. C'est pour les préposés à ce triage un amusement que la lecture de ces douloureuses lamentations : ils se divertissent un moment du ton sur lequel chacun des encagés soupire : & puis on enliasse soigneusement le produit épistolaire de chaque jour, non pour en faire usage, mais pour l'enterrer dans des dépôts inconnus, ou le brûler. Ni le prisonnier qui a écrit, ni ceux à qui il écrit, n'en entendent jamais parler.

Dans les premiers tems de ma détention, j'avois imploré les bontés des Princes de la Famille Royale. (25) Instruit dès auparavant que *Monsieur* & Mgr. le *Comte d'Artois* m'honoroient de leur estime, je m'étoit flatté que dans mon malheur ils ne me refuseroient pas leur bienveillance. Je leur avois écrit : les lettres étoient cachetées : le *Lieutenant de Police* quelque tems après me dit qu'il les avoit *lues*, mais non pas *rendues* : qu'on ne le lui avoit pas permis. Et sur ce que je lui observai que puisqu'il en savoit le contenu il pouvoit en informer les Princes généreux à qui il les avoit soustraites, il me répondit, *qu'il n'approchoit pas de ces Puissances.* Et l'homme à qui l'accès de ces Puissances étoit interdit, avoit celle de décacheter leurs lettres, de les supprimer, de rendre leurs bonnes intentions, & celles du Roi inutiles, enfin d'élever autour de moi des ramparts plus impénétrables que tous les châteaux magiques dont l'imagination a jamais peuplé les Romans !

E

Entrons maintenant dans l'intérieur de ces
ramparts : voyons comment s'y prennent les
Cerbères qui en ont la garde pour completter
leur abominable ministère, pour achever d'y
rendre la *vie dure*.

Le prélude quand on leur amène une proie
nouvelle, c'est la *Fouille*. Leur prise de pof-
feffion de la perfonne d'un prifonnier, leur manière de conftater la propriété infernale dans
laquelle il va être compris, c'eft de le dépouil-
ler de toutes les fiennes. Il eft auffi furpris
qu'effrayé de fe trouver livré aux recherches,
aux tatonnemens de quatre hommes dont l'apparence femble démentir les fonctions, & ne
les rend que plus honteufes de quatre hommes
décorés d'un uniforme qui autorife à en attendre des égards, & d'un figne d'honneur
qui fuppofe, il faut le répéter, un fervice *fans
tache*.

Ils lui enlèvent fon *argent*, de peur qu'il ne
s'en ferve pour corrompre quelqu'un d'entr'eux ; fes bijoux, par la même confidération ;
fes *papiers*, de peur qu'il n'y trouve une reffource
contre l'ennui auquel on veut le dévouer ; fes
cifeaux, couteaux, &c. de peur, lui dit-on, qu'il
ne fe coupe la gorge, ou qu'il n'affaffine fes
geoliers : car on lui explique froidement le
motif de toutes ces fouftractions. Après cette
cérémonie qui eft longue, fouvent coupée par
des plaifanteries, & des glofes fur chaque pièce
comprife dans l'inventaire, on vous entraîne
vers la loge qui vous eft deftinée dans cette
ménagerie.

Elles font toutes pratiquées dans des tours dont les murs ont au moins, comme je l'ai dit, *douze* pieds d'épaiffeur, & dans le bas *trente & quarante.* Chacune a un feul foupirail pratiqué dans le mur, mais traverfé par trois grilles de fer, l'une en *dedans*, l'autre *au milieu de la muraille*, la troifième en *dehors.* Les barreaux font croifés ; ils ont un pouce quarré d'épaiffeur : & par un raffinement qui prouve la fupériorité du génie des inventeurs, la partie folide de chacune de ces étranges mailles répond jufte au vuide d'une autre, ce qui laiffe à-peine à la vue un paffage de deux pouces, quoique les mailles en aient à-peu-près quatre de large.

Autrefois chacun de ces caveaux avoit trois ou quatre ouvertures, toutes petites il eft vrai, toutes décorées des mêmes réfeaux : mais enfin cette multiplicité de lucarnes aidoit à la circulation de l'air ; elle prévenoit l'humidité, l'infection, &c. : un Gouverneur plein d'humanité les a fait boucher : il n'en refte qu'une : dans les plus belles journées le peu de lumière qu'elle laiffe tranfpirer dans la chambre ne peut fervir qu'à en faire mieux diftinguer l'obfcurité.

Ainfi en hyver ces caves funeftes font des glacières, parce qu'elles font affez élevées pour que le froid y pénètre ; en été ce font des poèles humides, où l'on étouffe, parce que les murs en font trop épais pour que la chaleur puiffe les fécher.

E 2

Il y en a une partie, & la mienne étoit de ce nombre, qui donnent directement fur le fofé où fe dégorge le grand égout de la Rue *St. Antoine*: de forte que quand on le nettoie, ou en été dans les jours de chaleur un peu continuée, ou après chaque inondation, accident affez commun au printems & en automne dans ces foffés creufés au-deffous du niveau de la rivière, il s'en exhale une infection peftilentielle. Une fois engouffrée dans ces boulins que l'on appelle des *chambres*, elle fe ne diffipe que très-lentement.

C'eft dans cet atmofphère qu'un prifonnier refpire : c'eft-là que pour ne pas étouffer entièrement il eft obligé de paffer les jours, & fouvent les nuits, collé contre la grille intérieure, qui l'écarte comme je viens de le dire, même du trou taillé en forme de *fenêtre* par laquelle coule jufqu'à lui une ombre de jour & d'air. Ses efforts pour en pomper un peu de nouveau par cette farbacane étroite ne fervent fouvent qu'à épaiffir autour de lui la fétidité qui le fuffoque.

En hyver malheur à l'infortuné qui ne peut pas fe procurer l'argent néceffaire pour fuppléer à ce que l'on diftribue de bois au nom *du Roi*. Autrefois il fe délivroit fans compte, & fans mefure, en raifon de la confommation de chacun. On ne chicanoit pas des hommes d'ailleurs privés de tout, & réduits à une immobilité fi cruelle fur la quantité de feu qu'ils croyoient néceffaire pour decoaguler leur fang engourdi par l'inaction, ou volatifer les vapeurs condenfées fur leurs murailles. Le Prince vouloit qu'ils jouissent de ce soulagement, ou de cette distraction, sans en restraindre la dépense.

L'intention est sans doute encore la même : les procédés font changés. Le Gouverneur actuel a fixé la consommation de chaque réclus à six bûches, *grosses* ou *petites*. On sait qu'à *Paris* les bûches d'appartement ne font que la moitié de celles du commerce, parce qu'elles font sciées par le milieu. Elles n'ont qu'environ dix-huit pouces de longueur. L'éconôme distributeur a soin de faire choisir dans les chantiers ce qu'il est possible de trouver de bois plus mince, &, ce qui est aussi incroyable que vrai, de plus mauvais. Il fait prendre, par préférence, les fonds de piles, les restes de magafins, dépouillés par le tems & l'humidité de tous leurs sels, & abandonnés par cette raison à bas prix aux ouvriers tels que les *brasseurs*, les *boulangers*, à qui il faut un feu plus clair que substantiel. Six de ces allumettes composent la provision de vingt-quatre heures pour un habitant de la *Bastille*.

On demandera ce qu'ils font quand elle est disparue : ils font ce que leur conseille en propres termes l'honnête Gouverneur : ils souffrent. (*Voyez ci-après la note* 29, *page* 169.)

Les meubles font dignes du jour qui les éclaire, & de l'habitation qu'ils doivent décorer. Il est bon d'avertir d'abord que par son forfait avec le Ministère, le Gouverneur doit les *fournir*, & les *en retenir* à ses dépens : c'est une des très-petites charges attachées à

fon immenfe revenu , dont je parlerai bientôt.
Il peut s'excufer des incommodités du féjour ,
parce qu'il ne peut pas changer la fituation des
lieux : il peut pallier l'odieufe lefinerie dont
je viens de parler, qu'il exerce fur la confommation du bois , fous prétexte qu'elle tend à
épargner de la dépenfe *au Roi*. Mais fur l'article des meubles qui ne regardent que lui , &
qui lui font payés, il n'a ni excufes, ni pal-
liatifs. Ses épargnes en ce genre font nécef-
fairement tout à la fois un vol , & une cruauté.

Or, deux matelats rongés des vers , un fauteuil de canne dont le fiège ne tenoit qu'avec
des ficelles , une table pliante , une cruche pour
l'eau , deux pots de fayance , dont un pour
boire ; & deux pavés pour foutenir le feu ;
voilà l'inventaire , du moins des miens. Je
n'ai dû qu'à la commifération du *Porte-cléf* ,
après plufieurs mois , une *pincette* & une *pelle*
de fer. Il ne m'a pas été poffible d'obtenir des
chenets : &, foit politique, foit inhumanité, ce que
le Gouverneur ne veut pas fournir , il ne veut
pas non plus qu'un prifonnier fe le procure à
fes propres frais. Ce n'eft qu'au bout de *huit
mois* que j'ai pu me faire *acheter* une *taière* :
pour avoir , *avec mon argent*, un fauteuil ordinaire & folide, il en a fallu *douze* ; & *quinze*
pour remplacer par de la fayance commune la
craffeufe & dégoûtante vaiffelle d'*étain* qui cir-
cule feule dans la maifon.

L'unique meuble qu'il m'ait été permis de
me faire *acheter* dans les premiers jours, c'eft
une couverture de laine : en voici l'occafion.

Le mois de Septembre est, comme on sait, le tems où les œufs des teignes qui rongent les étoffes de laine se changent en papillons. A l'ouverture de l'antre qui m'étoit assigné il s'éleva du lit, non pas un nombre, non pas un nuage, de ces insectes : mais une large & épaisse colonne dont le développement inonda la chambre en un instant. Je reculai d'horreur : *Bon, bon,* me dit en souriant un des introducteurs, *vous n'y aurez pas couché deux nuits, qu'il n'y en aura plus un seul.*

Le soir, le *Lieutenant de police* vint suivant l'usage me souhaiter la *bien-venue.* Je montrai une répugnance si violente pour un grabat ainsi peuplé, qu'on voulut bien me laisser parvenir une couverture neuve & me permettre de faire battre les *matelas,* le tout *à mes dépens.* Comme les *lits de plume* sont interdits à la *Bastille,* sans doute parce que ces délicatesses ne conviennent pas à des hommes à qui le Ministère veut surtout donner des leçons de mortification, j'aurois voulu, au moins tous les trois mois, faire donner à mes misérables matelas cette espèce de rajeunissement. Le Gouverneur propriétaire s'y opposoit tant qu'il pouvoit, quoiqu'il ne dut lui en rien coûter ; mais parce que cette façon, disoit-il, *les use.*

Mde. de *Staal* raconte qu'elle fit tendre dans sa chambre une tapisserie. Dut elle cette condescendance à sa qualité de favorite d'une grande Princesse, ou bien à ce que les mœurs du tems laissoient encore d'humain même à la *Bastille,*

comme le prouvent les autres détails de sa cap‑
tivité, je ne le sais pas. Ce qui est sûr c'est
que les tolérances de ce genre sont un des
abus que la régularité moderne a retranchés.
Mes instances pour obtenir à mes dépens, ou
une toile qui eut aidé à absorber l'humidité
des murs, en cachant leur teinte lugubre; ou
du papier qui eût produit le même effet, en
me procurant de plus la diversion de le coller
moi-même, ont été inutiles.

Dans ma chambre le spectacle de ces murs
avoit quelque chose d'affreux. Un de mes pré‑
décesseurs, peintre apparemment, ou amateur,
& moins exclusivement sevré de tout ce qui
pouvoit ou nourrir son ame, ou occuper ses
mains, a obtenu la permission de barbouiller
ce séjour à sa manière. C'est un octogone qui
a quatre grands côtés, & quatre petits. Cha‑
cun est incrusté d'un tableau très-convenable
au lieu; ce font les détails de la *Passion*.

Mais soit par goût; soit qu'on n'ait voulu
lui passer qu'une couleur assortie au sujet & à
l'appartement, il n'a employé que de l'*ocre*,
& n'a fait que des camayeux dont on peut
imaginer la nuance. Après l'évaporation des
papillons; quand mes yeux se portèrent sur
ces panneaux dont l'obscurité durcissoit encore
la teinte; où je ne voyois en gros que des at‑
titudes de douleur, que des appareils de sup‑
plices, sans en distinguer le sujet; ce que l'on
raconte des *Oubliettes*, ce que l'on fait des
Sambenitos, me revint à l'imagination. Je crus

fermement que ces cadres étoient autant d'emblêmes du fort qui m'attendoit, & qu'on ne m'avoit donné cette chambre que pour m'y préparer. Je fis à Dieu le facrifice de ma vie. Ames fenfibles appréciez ce moment.

Ainfi logés, ainfi meublés, fi du moins les captifs confervoient la faculté qu'ils avoient autrefois, celle dont les coupables même ne font point privés dans les prifons ordinaires, que la juftice feule dirige, c'eft-à-dire, celle de converfer entr'eux, de fe voir, de former de ces liaifons que la néceffité excufe dans les autres dépôts, même entre l'homme honnête, & celui qui ne l'eft pas ; mais qui pourroient fouvent à la *Baftille* être fondées fur une eftime réciproque ; fans oublier leur détreffe ils en auroient plus de force pour la fupporter. On voit de certaines liqueurs, qui chacune à part bleffent le goût : en les mêlant elles acquierent une faveur moins rebutante : il en eft de même de l'infortune : mais c'eft précifément cet a-malgame de foupirs que les *Baftilleurs* ont grand foin de prévenir ; ce qu'un prifonnier diminueroit de fes amertumes feroit autant de retranché fur leurs jouiffances. Leur devife eft le mot qu'adreffoit à fes bourreaux *Caligula,* quand il leur commandoit un affaffinat ; *frappes de façon qu'il fe fente mourir.*

Du moment où un homme leur eft livré il eft perdu, comme je l'ai dit, pour l'univers entier : il n'exifte plus dans le monde que pour eux : ils ne font pas moins attentifs à prévenir toute forte de correspondance intérieure entre leurs victimes, qu'à leur interdire toute espèce d'épanchement au dehors. *La Porte* & d'autres parlent du commerce qu'ils entretenoient avec leurs voisins par des cheminés, &c.

Encore une fois cela pouvoit être de leur tems : aujourd'hui les tuyaux des cheminées sont traversés comme les fenêtres dans leur longueur de trois grilles les unes au-dessus des autres, dont la premiere commence à trois pieds du foyer ; & leur embouchure s'élève à plusieurs pieds au-dessus de la terrasse : les *privés*, soulagement très-rare, car je crois qu'il n'y a dans tout le château que deux chambres qui en soient douées, sont pourvus de la même garniture : une grande partie des chambres est voutée ; les autres ont des planchers doubles.

Quand on juge à-propos de faire descendre un captif, soit pour un interrogatoire, s'il est assez heureux pour en subir ; soit pour voir le médecin, s'il n'est pas assez malade pour être obligé de l'attendre dans sa caverne ; soit pour la prétendue promenade dont je parlerai tout-à-l'heure ; soit par un simple caprice du Gouverneur, il ne trouve par-tout que le silence, des déserts, & l'obscurité. Un croassement funèbre du *Porte-clef* qui le guide fait disparoître tout ce qui peut le voir, ou être vu de lui. Les fenêtres du corps de logis où se recèle l'*état-major*, où sont les cuisines, où sont admis les étrangers, se cuirassent à l'instant de *rideaux*, de *volets*, de *jalousies* ; & l'on a la cruauté de

ne procéder à cette opération que quand il eft
à portée de s'en appercevoir. Ainfi tout lui rap-
pelle qu'à deux pieds de lui il y a des hommes,
& des hommes qu'il auroit peut-être un très-
grand intérêt de voir, puifqu'on apporte un fi
grand foin à le lui cacher : ce qui multiplie fes
anguoiffes en raifon de fes attachemens.

J'ai cru long-tems que j'avois pour commen-
fale une perfonne dont la confervation pouvoit
feule me confoler de mes autres pertes, & par
les fers de laquelle on y auroit en effet mis le
comble, fi l'on avoit pu tromper fa vigilance.
Les réponfes qu'attiroient mes queftions à ce
fujet n'étoient propres qu'à confirmer mes al-
larmes : car quand ces hommes raffinés dans
l'art de meurtrir les ames trouvent l'occafion
de mêler au filence habituel qui tourmente, une
franchife fimulée qui puiffe défefpérer, ils ne
la manquent pas : qu'ils parlent, ou qu'ils fe
taifent ils ont grand foin que leur activité foit-
cruelle comme leur inaction.

C'eft par ces manœuvres qu'un pere & un fils,
un mari & une femme, des parentés entières
peuvent peupler à la fois la *Baftille*, fans fe
douter qu'ils aient auprès d'eux des objets fi
chers ; ou y languir dans la perfuafion qu'une
détreffe commune enveloppe toute la famille,
quoiqu'une partie s'y foit fouftraite Quand un
Gouverneur de *St Domingue* jugea à-propos, il
y a quelques années, de fe défaire un matin de
toute la juftice d'une de fes villes, & d'emballer
un tribunal entier pour le renvoyer en *France* fur

le même vaisseau, on mit tout en arrivànt ce Parlement *Américain* à la *Bastille.*

Les pauvres gens y trouvèrent une bien autre servitude que celle de leurs *Négres :* ils y furent huit mois ; sans savoir ce qu'étoit devenu chacun d eux : & cependant on leur fesoit leur procès ! & en définitif ils ont été reconnus innocens ! & ils n'ont eu d'autre indemnité que la permission d'aller reprendre leurs places !

Mais si l'on est si soigneux d'emdêcher les captifs, soit de correspondre entr'eux, soit même de se connoître, on ne songe point du tout à leur dissimuler qu'ils ne font pas feuls. Ces planchers doubles, ces voutes, impénétrables aux consolations, rendent fidèlement les indices par lesquels un infortuné qui souffre est averti qu'il est au-dessus, ou au-dessous de lui , un autre infortuné non moins à plaindre : les portes, les clefs, ne font pas plus muettes, ainsi que les verroux. Le fracas des unes, le cliquetis des autres , le lourd roulement des troisièmes retentissent au loin dans les volutes de pierre qui forment les escaliers, & se propagent d'une manière effrayante dans le vuide immense des tours. Il m'étoit facile par-là de supputer combien j'avois de voisins , & c'étoit une nouvelle source de convulsions.

Sentir que l'on a sur sa tête ou sous ses pieds un être malheureux à qui l'on pourroit donner, ou de qui l'on pourroit recevoir du soulagement ; l'entendre marcher , soupirer ; penser qu'on n'en est éloigné que d'une demi toise ; combiner sans cesse le plaisir de franchir cet espace & l'impossibilité d'y réussir ; avoir également à s'affliger, & du fracas qui annonce un nouveau-venu condamné à partager vos fers, sans les alléger, & du silence de ces cachots, qui vous avertit qu'un des compagnons de votre misère a été plus fortuné que vous, c'est un supplice dont on ne peut pas se former d'idée. Ce sont ceux de *Tantale*, d'*Ixion*, de *Sisyphe*, réunis.

Et il en occasione quelquefois un plus horrible encore. Je ne puis douter que le camarade qui occupoit la chambre au-dessous de moi ne soit mort, naturellement ou non, pendant mon séjour. Une nuit, vers deux heures du matin j'entendis dans l'escalier un grand tumulte : on montoit en grand nombre, & avec fracas : on s'arrêta à cette porte : il y eut des débats, des contestations, des allées, des venues : j'entendis très-distinctement des efforts, des gémissemens.

Etoit-ce une visite secourable, ou une exécution ? Introduisoit-on un médecin, ou un bourreau ? Je l'ignore : mais trois jours après, à la même heure, j'entendis à la même porte un bruit moins violent ; je crus distinguer qu'on montoit, qu'on posoit, qu'on remplissoit, qu'on accommodoit une *bierre* : à ces formalités succéda une forte odeur de *genièvre*. Ailleurs ce seroit un événement tout simple : mais à la *Bastille*, & à une pareille heure ; & à deux pas de soi !

Si le régime de la *Bastille* met ainsi à la difcrétion de ses gardiens, par cette voie, & par
une autre dont je parlerai bientôt, la vie de
quiconque y est précipitée, ils veulent aussi
qu'elle ne dépende absolument que d'eux ; ils
savent, & c'est une de leurs plus précieuses
jouissances, que leur régime doit produire le
désespoir : ils savent qu'il y a mille momens
où celles sur-tout de leurs victimes dont aucune
action répréhensible n'a flétri le courage, ni
l'habitude servile de l'obéissance énervé la sensibilité, seroient tentées de se soustraire par un
effort passager à cette longue suite d'agonies :
& c'est précisément ce qu'ils ne veulent pas ;
ils craignent encore plus qu'un de leurs captifs
ne se dérobe aux horreurs dont ils le nourrissent,
par la mort, que par la fuite. Ces *Phalaris*
redoutent sur-tout qu'on ne sente pas assez
long-tems le feu de leur Taureau : & par un
art qui ne peut se trouver qu'à la *Bastille*, les
précautions mêmes qu'ils multiplient contre
ces prétendus accidens, sont aussi humiliantes
que douloureuses, aussi propres à entretenir le
désir de la catastrophe qu'elles préviennent, qu'à
en empêcher l'exécution.

J'ai dit qu'on ne laissoit à un prisonnier ni
ciseaux, ni *couteaux*, ni *rasoirs*. Ainsi, quand
on lui sert les alimens que ses larmes arrosent,
ou que ses soupirs repoussent, il faut que le
Porte-clef lui coupe chaque fois ses morceaux :
& il se sert d'un couteau arrondi par le bout
qu'il a soin chaque fois de remetre dans sa
poche, après la dissection.

On ne peut pas empêcher ses ongles de croî-tre, ni ses cheveux de pousser ; mais il ne lui est pas permis de se débarasser de ces progrès in-commodes, sans en acheter la faculté par une humiliation ; il faut qu'il prie qu'on lui prête des *ciseaux* ; le *Porte-clef* doit rester présent tant qu'il en fait usage, & les remporter sur-le-champ.

Quant à *la barbe*, le Chirurgien de la maison est chargé de la raser : c'est un office dont il s'acquitte deux fois par semaine : lui & le *Porte-clef*, agent ou sur-intendant général de tout ce qui se passe dans les *Tours*, veillent soigneusement à ce que la main du *Captif* n'ap-proche pas de l'étui où sont renfermés les for-midables instrumens : on ne les développe, comme la hache du bourreau qui décapite, qu'au moment de s'en servir : on se souvient encore à Bastille du fracas qu'y occasiona la témérité de M. *De Lally*, quoique dans un tems où il ne prévoyoit guère sa destinée : il s'empara un jour d'un *rasoir* ; il refusa, en riant, de le rendre. Cela n'annonçoit pas des desseins bien furieux : le tocsin n'en sonna pas moins dans tout le château. La garde étoit déjà man-dée : vingt bayonnettes marchoient ; on pré-paroit peut-être les canons, quand heureuse-ment la révolte finit par la réintégration du ter-rible outil dans son étui.

C'est une dérision que de prétendre, comme on le fait, que cette vigilance a autant pour objet la sûreté des gardiens que celle du captif lui-même. Quel attentat redoute-t-on d'un

homme chargé de chaînes appefanties avec tant
d'art, preffé par tant de murs , éntouré de tant
de gardes , ifolé avec tant de fcrupule ?   Mais
quel que foit le motif qui fait craindre de laiffer de fi foibles reffources à fa portée, il eft évident que c'eft fon défefpoir que l'on redoute :
or on fait que ce défefpoir n'eft le fruit que des
tortures réfléchies dons on l'accable ; & ce n'eft
que parce qu'on veut déchirer impunément fon
cœur , qu'on veut auffi que fa main foit im-
puiffante.

J'ai beaucoup parlé jufqu'ici des *Porte-clefs,*
fans en indiquer l'emploi.   Ce font les fubalternes chargés de ce qu'on appelle le fervice des
Tours, c'eft-à-dire des prifonniers; & il eft bref:
il fe réduit à diftribuer les alimens dans chacune
des mues dont le diftrict leur eft confié.   Ils y
entrent trois fois par jour , à fept heures du
matin, à onze, & à fix du foir.   Ce font-là les
heures du *déjeuner*, du *diner*, & du *fouper*. On
les veille pour s'affurer qu'ils ne reftent que le
tems à-peu-près de dépofer leur fardeau : ainfi
fur les 24 fiècles qui compofent une journée,
ou plutôt une nuit à la *Baftille*, un prifonnier
n'a que ces trois courtes diftractions.

Les *Porte-clefs* font difpenfés même de *faire
les lits*, de *balayer les chambres*. On prend encore
pour prétexte que quand ils y feroient occupés
on pourroit les maltraiter, les affaffiner, &c. on
appréciera la jufteffe du motif : mais la difpenfe
eft conftante.   Ainfi le vieillard , l'infirme,
la femme délicate, l'homme de lettres étranger

à

à ces manipulations du ménage, l'homme opu-
lent qui ne les connoît pas mieux, sont tous soumis à la même étiquette.

A la vérité les *Porte-clefs* ne s'y assujettissent
pas toujours : ils font des exceptions, & rendent
quelquefois des services qu'on n'a pas droit
d'exiger d'eux : mais il faut qu'ils s'en cachent,
comme d'une correspondance illicite : la furie
déguisée en Gouverneur qui prend l'alarme dès
qu'en passant devant un de ses cachots il n'y
entend pas gémir, les puniroit bien vîte des
consolations qu'ils y auroient portées.

C'est dans ce silence absolu, dans ce dénue-
ment général, il le faut répéter ; dans ce néant
plus cruel que celui de la mort, puisqu'il n'ex-
clud point la douleur, ou plutôt qu'il engendre
toutes les espèces de douleurs ; c'est dans cette
abstraction universelle, il faut ne point se lasser
de le redire, que ce qu'on appelle *Prisonnier
d'Etat* à la *Bastille*, c'est-à-dire un homme qui
a déplu à un Ministre, à un Commis, à un de
leurs Valets, est livré sans ressource d'aucun genre, sans autre distraction que ses pensées, & ses
alarmes, au sentiment le plus amer qui puisse af-
fecter un cœur que le crime n'a point dégradé,
à celui de l'innocence accablée, qui se voit périr
sans pouvoir se manifester ; c'est delà qu'il s'é-
puise à réclamer sans fruit le secours des loix, la
communication de ce qu'on lui impute, &
l'assistance de ses amis : non - seulement ses
prières, ses gémissemens, son désespoir ne servent à rien ; mais il sait, on lui répète qu'ils

F

font inutiles ; c'eft la feule connoiffance qu'on lui donne. Abandonné à toute l'horreur du défœuvrement, de l'ennui, augmentée par l'incertitude de l'avenir, il fent journellement fon exiftence s'éteindre, & il fent en même tems qu'on ne la lui conferve que pour prolonger fon fupplice. La dérifion & l'infulte fe joignent à la cruauté, pour redoubler l'amertume des privations dont on le nourrit.

Par exemple, au bout de huit mois l'idée me vint d'éluder un peu ma nullité en me rappellant mon ancienne géométrie : je demandai un *étui de mathématiques* : j'avois eu foin d'en fixer la grandeur à *Trois pouces*, afin de prévenir même le prétexte d'un refus. Il fallut folliciter cette grace pendant deux mois ; il fallut peut-être tenir un *Confeil d'Etat*. Enfin elle eft accordée : l'étui arrive, ... *fans compas*. Je me recrie : on me répond froidement que les *armes* font défendues à la *Baftille*.

Il fallut folliciter de nouveau, fupplier, envoyer de longs mémoires ; difcuter férieufement s'il y a quelque différence entre un étui de mathémathiques, & un canon. Après un autre mois, grace à la charité, à l'imagination du Commiffaire du château, les compas font venus : mais comment ? garnis en *os*. On avoit fait faire, à mes dépens, de cette matière , tout ce qui dans un étui de mathématiques doit être d'acier.

Je conferve précieufement cette garniture

géométrique d'un genre nouveau. Après en
avoir pendant ma vie orné mon cabinet, j'aurai
foin en mourant qu'elle foit confignée dans un
dépôt où elle puiffe trouver des fpectateurs :
elle y figurera avec honneur au milieu des monumens de l'induftrie des peuples barbares,
dont nos voyageurs nous rapportent quelquefois des échantillons. Nulle part on ne trou-
vera d'invention de fauvage qui mérite autant
la curiofité publique.

Par une fuite de ce principe qu'un homme
ainfi mis fous *la main du Roi*, ou plutôt du
Miniftère, doit revenir invifible, fans exception ; pour ne pas déroger à cet efcamotage
atroce, on a voulu que l'exiftence des prifonniers
dépendît exclufivement des mains qui font employées à la cacher. Le Gouverneur en entre-
prend la nourriture à forfait, & cette gargotte
royale eft lucrative.

Le Miniftère a fondé à la *Baftille* quinze places
qui font payées, occupées ou non, fur le pied
de dix livres de *France*, ou à-peu-près cinq
florins de *Brabant*, ou huit *shillings* d'*Angleterre*,
par jour, ce qui fait au Gouverneur un revenu
de près de 2500 Louis-d'or par an.

Ce n'eft pas tout : en fabriquant une *Lettre-de-
cachet* qui lui donne un commenfal, on ajoute
à la fondation primitive une fomme par tête,
proportionné à fa qualité. Ainfi un *Colporteur*,
un homme du bas étage, apporte à la marmite

commune, outre la piftole fondée, un écu*
d'extraordinaire par jour; un *Bourgeois*, un *Lé-
gifte* de la claffe inférieure, *cent fols* †; un *Prêtre*,
un *Financier*, un *Juge* ordinaire, 10 liv. T. ‡;
un *Confeiller au Parlement*, 15. T. §; un *Lieutenant Général* des armées, 24 liv. T. **; un
Maréchal de France, 36 liv. T. ***. J'ignore
quel eft dans ce cadaftre miniftériel le taux
d'un *Prince du Sang*.

Enfin de plus on a accordé au Gouverneur le
privilège de faire entrer dans fes caves près de
cent pièces de vin, franches de tous droits, ce
qui fait encore un objet confidérable, qui devroit fans doute faciliter & affurer le fervice de
fes tables.

Que fait-il ? Il vend fon droit d'entrée à
un cabaretier de *Paris*, nommé *Joli*, qui lui en
rend *deux mille écus* : il lui prend en échange du
vin au plus bas prix pour l'ufage des prifonniers;
& ce vin, comme on s'en doute bien, n'eft que
du vinaigre. Il regarde la fondation annuelle
des *dix francs par jour*, comme un revenu fixe
de fa place, duquel il ne doit aucun compte,
& qui n'a rien de commun avec fes écots; il
n'y emploie que cet excédent, cet extraordinaire
que la libéralité du Prince n'a deftiné qu'à les
augmenter; & cet excédent même il fe garde

---

* Une demi-couronne.
† Quatre shellings.
‡ Huit shellings.

§ Douze shellings.
** Un louis d'or.
*** Un louis & demi.

bien de le confommer en entier. Les détails à ce fujet ne font pas nobles; mais ils n'en méritent pas moins d'être connus. Il y a des prifonniers à la *Baftille*, à qui l'on ne fert que quatre onces de viande par repas. Les portions ont été pefées plus d'une fois : c'eft un fait connu de tous les fubalternes, qui en gémiffent. (26) Rien de plus facile à vérifier, dès qu'on voudra garantir du reffentiment du Chef les inférieurs qui peuvent démafquer fa fordide avarice.

Il y a des tables moins dénuées; je l'avoue: la mienne étoit du nombre. Eft-ce un mal, eft-ce un bien, que cette abondance pour ceux à qui on l'accorde? Je n'ofe le décider : fi elle a quelque chofe de moins humiliant, elle peut auffi cacher des pièges bien redoutables. J'ai connu des gens qui dans tout leur féjour à la *Baftille* n'ont vécu que de lait : d'autres, tels que M. *de la Bourdonnaie*, ont follicité, & obtenu la permiffion de fe faire apporter des alimens de chez eux. Elle m'a été conftamment refufée, & même pendant huit mois celle de me faire acheter quoi que ce foit, fans exception, comme je l'ai dit, quoique j'euffe de l'argent dépofé dans les mains des officiers du Château.

J'y fuppléois par une attention fcrupuleufe à ne manger jamais que très-peu de chaque plat; à laver dans plufieurs eaux ce qui me paroiffoit fufpect ; & je n'ai pas pu, malgré ces précautions, éviter ce que je redoutois avec trop de

raison. Le 8e. jour depuis mon entrée j'ai eu
des coliques & des vomissemens de sang qui ne
m'ont presque plus quitté, & dont les accès re-
doublés de tems en tems décéloient un renou-
vellement de causes.

Je ne me suis ni mépris, ni tû sur ces causes.
J'ai écrit cent fois au *Lieutenant Général* de *Police*, que l'on m'*empoisonnoit* : Je l'ai dit verbalement à son substitut : je l'ai dit au *Médecin*
au *Chirurgien*, aux officiers de la maison eux-
mêmes : un rire insultant est la seule réponse
que j'ai jamais reçue.

*Si l'on avoit voulu vous empoisonner, existeriez-
vous*, m'ont déjà dit plusieurs personnes, à qui
j'ai parlé de cette étrange anecdote : & la même
objection sera peut-être répétée par d'autres qui
la liront ici : mais ce n'est que faute de réflexion
qu'elle peut paroître spécieuse. Non, sans doute,
je n'aurois pas échappé à cette volonté meur-
triere, si elle avoit été celle du Gouvernement :
mais mon existence, l'opiniâtreté vivace de ma
constitution ne justifient que lui. Les mains qui
ne lui réfuseroient pas une lâcheté de cette nature,
s'il étoit capable de l'exiger, le font-elles de re-
sister à des sollicitations lucratives qui peuvent
venir d'ailleurs ?

Par l'inconcevable régime dont il est question
ici, rien de ce qui serviroit à distraire, ou à
consoler un prisonnier, ne peut arriver jusqu'à
lui : mais tout ce qui est propre à porter à son

ame, ou à sa santé, des atteintes irréparables. n'éprouve aucune difficulté. L'*Etat Major* supérieur est composé de quatre *Officiers* ; l'inférieur de quatre *Porte-clefs* ; la cuisine de quatre *Marmitons*. Ces douze hommes savent tous qui ils servent, malgré les ridicules minauderies avec lesquelles on feint de vouloir leur en dérober le secret : tous sortent, se répandent journellement dans *Paris* : ils y ont leurs maisons, leurs femmes, leurs amis, leurs connaissances. Est-il donc si difficile de trouver un scélérat parmi cette troupe, dont l'état même n'est qu'une suite de fonctions criminelles ? L'est-il davantage pour celui qu'on aura une fois gagné de distinguer la portion qu'il doit rendre mortelle, & dont rien ne lui défend l'accès ? On ne peut pas présumer de pareilles horreurs ! mais toutes celles dont il s'agit ici les présumeroit-on ?

Le danger est si peu imaginaire qu'autrefois il y avoit toujours dans la cuisine, auprès de la marmite & des fourneaux, une sentinelle, chargé de tenir un compte exact de tous ceux qui en approchoient. Cette précaution salutaire encore plus qu'injurieuse a été supprimée il y a quelques années : les attentats dont elle indiquoit évidemment la possibilité en sont-ils devenus plus difficiles à commettre ?

Celui dont j'étois l'objet n'a pas été consommé ! mais l'éclat de mes plaintes a pu déconcerter la main qui l'avoit promis, & mes foins rendre en partie fes efforts inutiles. Je ne prétens pas que tous ceux qui ont reçu mes triftes confidences à ce fujet fuffent complices du crime qui les occafionnoit : le vrai coupable a pu craindre en vérifiant avec trop de rapidité mes préfentimens, qu'il n'en réfultât des recherches. La langueur habituelle où j'étois; mon péril imminent à la fin de 1781, ma mort regardée alors comme inévitable; ont pu faire croire que d'autres tentatives étoient inutiles.

Et quand j'aurois pu me tromper fur des accidens auffi marqués, qui ne font pas encore ceffés à beaucoup près ; quand ces appréhenfions & ces fymptômes n'auroient été le fruit que d'une imagination trop vivement frappée, n'eft-ce pas déjà un véritable crime pour la *Baftille*, que d'occafionner de femblables craintes, & de produire une impuiffance abfolue de fe fouftraire aux manipulations fecrètes qui pourroient les juftifier ?

De plus, n'eft-ce pas dans tous les cas une vraie difpute de mots ? Je veux bien fuppofer que dans un lieu où l'*Italien Exili* tenoit il y a un fiècle école de poifon, (27) l'on n'ait pas confervé quelques-unes de fes recettes, & qu'un crime de plus puiffe répugner à des hommes dont, encore une fois, la miffion fpéciale eft d'en commettre; mais un féjour de vingt mois, avec tous fes acceffoires dans un lieu où la vie n'eft qu'une fucceffion de morts, n'en attaque-t-il pas effentiellement la fource ? Près de deux ans passés dans ces cachots, sans air, sans exercice, dans les angoisses de l'ennui, dans les convulsions de l'attente , ou plutôt du désespoir, font - ils moins d'impression sur les organes que le venin le plus actif? Elle peut être plus lente : est-elle moins sûre? Entre ces deux expédiens destructeurs, y a-t-il d'autre différence que le tems ?

Mais est-on absolument privé d'air & d'exercice, diront ceux qui ont lu les anciennes relations de la *Bastille*, & ceux mêmes qui s'y sont promenés par curiosité : car on y admet les curieux : le Gouverneur, quoique logé au dehors, s'y rend souvent pour recevoir ces visites : tous ses collègues depuis le *Lieutenant de Roi*, jusqu'au dernier *Marmiton* , y reçoivent les leurs : dans les jours de réjouissance, de feux d'artifices, d'illuminations, on reçoit sur les tours , & même en foule le public qui s'y rend pour jouir du coup d'œil.

Dans ces occasions elles n'offrent que l'image du calme & de la paix : tous ces spéculateurs étrangers ignorent ce qui se passe , ce qui est renfermé sous ces voutes impénétrables dont ils admirent les dehors : tel d'entr'eux foule aux pieds le sepulchre de son ami , de son parent , de son père, qui le croit à deux cens lieues de lui, bien tranquille, occupé de ses affaires, ou livré à ses plaisirs.

Mais enfin tous ceux à qui l'on permet cette

infpection intérieure, voyant un jardin affez vafte, des plattesformes très-élevées, où par conféquent l'air eft pur & la vue pittorefque, & entendant affurer que tout cela eft, dans les jours ordinaires, à l'ufage des prifonniers, fortent perfuadés que fi la vie n'eft pas douce à la *Baftille*, ces adouciffemens peuvent cependant la rendre fupportable. Cela pouvoit être autre-fois : voici ce qui eft arrivé depuis peu.

Le Gouverneur actuel, nommé *De Launay*, eft un homme ingénieux, qui tire parti de tout : il a réfléchi que le jardin pouvoit être pour lui un objet d'économie intéreffant ; il l'a loué à un jardinier qui en vend les légumes, & les fruits, & lui en paie une fomme fixe par an : mais pour n'être pas gêné dans fon marché, il a cru qu'il falloit en exclure les prifonniers : en conféquence il eft venu une Lettre fignée *Amelot*, qui défend le jardin aux prifonniers.

Quant aux plattesformes des tours, quoiqu'à l'élévation où elles font, il foit à-peu-près im-poffible d'y être reconnu, ou de reconnoître ; cependant comme elles donnent fur la rue *St. Antoine*, dont on n'a pas encore chaffé le public, on ne permettoit ci-devant aux prifonniers de s'y promener que fous l'efcorte d'un des geo-liers de la maifon, foit *Porte-clef*, foit *Officier*. Ils ont trouvé dans ces derniers tems, c'eft-à-dire depuis environ trois ans, que ces corvées les gênoient ; d'ailleurs il en réfultoit des con-verfations avec le factionnaire : la vigilance de

M. *De Launay* en a pris l'alarme. En partie par condescendance pour la paresse de ses collègues, en partie par égard pour ses soupçons, il est venu une Lettre signé *Amelot*, qui interdit les plattesformes, comme le jardin.

Reste donc pour la promenade *la cour* du château : c'est un carré long de seize toises sur dix. Les murailles qui la ferment ont plus de cent pieds de haut, sans aucune fenêtre : de sorte que dans la réalité c'est un large puits, où le froid est insupportable l'hyver, parce que la bise s'y engouffre ; l'été, le chaud ne l'est pas moins, parce que l'air n'y circulant pas, le soleil en fait un vrai four. C'est-là le *Lycée* unique où ceux des prisonniers à qui l'on en accorde la faculté (car tous ne l'ont pas) peuvent, chacun à leur tour, se dégorger pendant quelques momens de la journée de l'air infect de leur habitation.

Mais il ne faut pas croire que l'art de martyriser qui les rend si douloureuses se relâche même pendant ces courtes absences. D'abord on conçoit quelle promenade ce peut être qu'un semblable espace, sans abri quand il pleut ; où l'on n'éprouve des élémens extérieurs que ce qu'ils ont de fâcheux ; où dans l'apparence d'une ombre de liberté, les sentinelles dont on est entourré, le silence universel, & l'aspect de l'horloge à laquelle seule il est permis de le rompre, ne rappellent que trop la servitude.

C'est une remarque curieuse. L'horloge du

château donne sur une cour. On y a pratiqué un beau cadran : mais devinera-t-on quel
en est l'ornement, quelle décoration l'on y a
jointe ? des fers parfaitement sculptés. Il a
pour support deux figures enchaînées par le col,
par les mains, par les pieds, par le milieu du
corps : les deux bouts de ces ingénieuses guir-
landes, après avoir couru tout autour du cartel,
reviennent sur le devant former un neud énorme ;
& pour prouver qu'elles menacent également
les deux sexes, l'artiste guidé par le génie du
lieu, ou par des ordres précis, a eu grand soin
de modeler un *homme* & une *femme :* voilà le
spectacle dont les yeux d'un prisonnier qui se
promène sont récréés : une grande inscription
gravée en lettre d'or sur un marbre noir, lui
apprend qu'il en est redevable à M. *Raymond
Gualbert* de SARTINES, &c. (28)

Et ne pensez pas qu'il en jouisse autant qu'il
le voudroit. On mesure avec économie le tems
où il lui est permis de venir y lever les yeux
vers le ciel, qu'il ne découvre qu'à moitié.
Cette mesure dépend du nombre des aspirans.
Comme l'un ne descend jamais que l'autre ne
soit remonté ; & que, grace aux lettres signées
Amelot cet entonnoir commun est le seul qui
reste à leur partager ; si la *Bastille* est fort peuplée, les portions sont plus petites. Je m'apper-
cevois de l'arrivée d'un nouvel hôte, ou d'un
nouveau promeneur, par le contingent que l'on
me fesoit fournir à ses plaisirs.

Mais gardez-vous d'imaginer encore que

jouiffance de ce foulagement ainfi modifié foit paifible & complète. Cette cour eft l'unique chemin de la cuifine, des vifites que reçoivent les officiers du château ; c'eft par-là que paffent les pourvoyeurs de toute efpèce, les *ouvriers*, &c. Or comme il faut fur-tout qu'un prifonnier foit invifible, & qu'il ne voie rien, quand il fe préfente des étrangers, on l'oblige de s'enfuir dans ce qu'on appelle le *Cabinet* : c'eft un boyau de douze pieds de long, fur deux de large, pratiqué dans une ancienne voute ; c'eft-là le *Cabinet*, où à l'approche d'une botte d'herbes il faut fe récéler au plus vîte, avec le foin d'en fermer fcrupuleufement la porte fur foi ; car au moindre foupçon de curiofité la moindre punition feroit une clôture abfolue : & ces alternatives font fréquentes : j'ai fouvent compté que fur une heure, durée de la plus longue promenade, il y avoit trois quarts d'heure confumés dans l'inaction humiliante & cruelle du *Cabinet*.

J'ignore fi cette police eft juftifiée par une Lettre fignée *Amelot* ; mais il eft fûr qu'elle eft nouvelle. Jufqu'à ces derniers tems, paffé neuf heures du matin aucun étranger n'étoit admis dans la cour fans la plus preffante néceffité : les provifions étoient faites ; les vifites fe recevoient au dehors ; & le manège du *Cabinet* n'avoit lieu que pour des occafions férieufes qui fembloient l'excufer.

Enfin ce n'eft pas tout : cette promenade même fi infuffifante, fi cruellement modifiée, devenue, comme le reste, un supplément de souffrance, plutôt qu'une consolation, elle est suspendue journellement, & arbitrairement. Si un curieux demande à voir la *Bastille*; s'il y a quelques réparations qui exigent le passage d'un ouvrier; si M. le Gouverneur a un grand diner, ce qui nécessite l'entrée & la sortie de ses laquais, attendu que sa maison est dehors, & la cuisine au dedans; pour tous ces cas il n'y a *point de promenade*.

En 1781, dans les chaleurs qui ont rendu mémorable l'été de cette année, accablé de la saison, & d'un vomissement de sang, d'une foiblesse d'estomac qu'elle n'avoit pas causée, mais qu'elle entretenoit, j'ai passé les mois de *Juillet* & d'*Août* entiers sans sortir de ma chambre; le prétexte étoit un travail qui se fesoit sur les plattesformes : les ouvriers auroient pu y monter par dehors, & ils y montoient : on n'avoit besoin de faire traverser la cour qu'aux pierres qu'il falloit leur fournir : cette opération auroit pu se faire, comme autrefois, tous les jours le matin avant neuf heures : M. *de Launay* avoit trouvé que cela seroit gênant; il lui paroissoit plus court de dire, *Point de promenade !* & il n'y a pas eu de *promenade*.

Pour apprécier cette privation, il faut songer qu'elle vient à la suite de toutes celles par lesquelles il est possible de bourreler des hommes, sans exception ; il faut songer que par-là, non-seulement on expose un prisonnier à des périls

physiques, on néceſſite l'altération de la ſanté ;
mais que le mouvement du corps étant ſa
ſeule reſſource pour endormir un peu les con-
vulſions de ſon ame, en la lui ôtant on rend
celles-ci plus poignantes ; que quand il n'a
pas une minute dans la journée pour changer
au moins d'angoiſſe, ſon cœur toujours groſſi
par les ſoupirs ſemble heurter plus douloureuſe-
ment les murs qui le preſſent de toutes parts.

Auſſi dans les priſons de la juſtice ordinaire
cette rigueur eſt regardée comme la plus fâ-
cheuſe de toutes celles qu'il lui ſoit permis
d'employer contre les coupables qu'elle doit
convaincre. Le *Secret*, c'eſt-à-dire une ré-
cluſion abſolue, n'a lieu que dans les courts
intervalles où elle craint que des relations ex-
térieures ne portaſſent juſqu'à l'accuſé des lumières favorables au crime : il eſt motivé par
la ſituation des lieux, & plus encore par les
égards pour l'humanité, qui laiſſant à tous les
priſonniers une libre communication entr'eux,
ne permet de la ſuſpendre envers un ſeul,
qu'en l'iſolant pour le moment, en le tenant
hors de la portée des autres, tant que dure le
motif de la ſuſpenſion ; il faut bien interdire la
promenade à celui-là ſeul, ſi l'on ne veut pas
l'enlever à tous.

Et encore cette inaction paſſagère eſt bien
adoucie pour lui, ſur-tout s'il eſt innocent,
par les progrès de l'inſtruction ; il voit ſes
juges, ſes accuſateurs, ſes témoins : il ſait ce
qu'on lui objecte. Tant qu'on l'interroge,

tant qu'on le confronte, il n'eſt pas ſeul : &
quand il ſort d'un de ces combats, la ſolitude
qui les ſépare lui devient précieuſe, néceſſaire,
même, pour ſe diſpoſer à en ſoutenir un
ſecond.

Mais à la *Baſtille* aucun de ces motifs, ou de
ces ſoulagemens ne peut avoir lieu. Le *Secret*
y eſt perpétuel : toutes les promenades ſont
ſolitaires, comme la demeure : elles ne peuvent
donc apporter aucun obſtacle aux ſuccès de
l'inſtruction, quand il y en a une, à ſa facilité,
à ſon impénétrabilité. Dans ce cas même, les
prohiber arbitrairement ; priver un priſonnier
de la ſeule minute du jour où il puiſſe lever ſes
yeux noyés de larmes vers le ſoleil qui ſemble
le fuir, ce ſeroit l'excès de l'injuſtice, comme
de la cruauté:

Qu'eſt-ce donc quand il n'y a pas d'inſtruction encore une fois ; quand cette prohibition
tombe ſur des hommes contre qui la haine &
la vengeance ne peuvent même trouver le prétexte d'une procédure ; quand elle eſt ſoutenue
des mois entiers ; quand elle dépend des caprices d'un ſatellite auſſi lâche que barbare,
qui, tout fier de pouvoir impunément outrager
dans ſon fort des hommes honnêtes, ne ſe croit
honoré que quand il inſulte à leurs miſères, &
puiſſant que quand il les déchire ?

On dira que ces dernières particularités tiennent au caractère des Chefs actuels plutôt qu'à
la conſtitution fondamentale de la maiſon. Cela
eſt

est vrai : elle auroit bien assez de croix par elle-même , quand un caprice passager n'y ajouteroit pas celles-là ; mais il les y ajoute : aussi ai-je annoncé d'avance que depuis peu d'années les barbaries de la *Bastille*, s'étoient accrues. Autrefois on s'occupoit des prisonniers : aujourd'hui l'on s'en joue.

Et, ce qui paroîtra peut-être bien étrange, les additions, ou inhumaines ou honteuses, dont on enrichit ce régime déjà si honteux , si inhumain par lui-même , s'étendent jusqu'aux mercenaires qu'il emploie : autrefois , comme je l'ai observé, les officiers de l'*Etat major* jouissoient du droit de voir chacun, seuls, & quand ils le jugeoient à-propos, les prisonniers confiés à leur vigilance commune. Etant réputés tous également fidèles , leurs visites particulières n'inspiroient ni soupçons ni alarmes ; & comme ils sont quatre, il s'en trouvoit de tems en tems quelqu'un moins impitoyable, qui consacroit quelques momens de sa journée à des conversations toujours précieuses pour ceux qui les partageoient.

Cette condescendance a déplu au Ministère présent : il est venu une lettre toujours signée *Amelot*, qui a défendu aux officiers d'entrer jamais seuls dans les tours : il faut qu'ils y aillent au moins deux, non compris le *Porte-clef* : les visites du Médecin sont sujettes à la même formalité : il n'est plus permis à ces dogues de marcher qu'accouplés.

G

Ce régime monacal a produit l'effet qu'on
en attendoit, c'est à dire a cessation absolue
de ces visites. Dans une meute de cette
espèce deux ames également compatissantes font
difficiles à trouver. D'ailleurs il faudroit se
concerter, se tenir prêts pour la même minute :
de plus ils ne s'aiment pas entr'eux : ils font
jaloux les uns des autres : ils se défient les uns
des autres : flétris, même à leurs propres yeux,
par leur abominable métier, ils tremblent des
interprétations que pourroit donner aux choses
les plus simples l'adjoint, ou plutôt l'espion
qui doit les suivre : enfin cette innovation
étant un indice d'augmentation de dureté dans
le Ministère, elle est devenue pour eux un
motif d'augmentation d'insensibilité. Ainsi ce
leger adoucissement est encore banni de la
Bastille, & il ne l'est que depuis trois ans.

Voilà ce qui est la santé. Peut être vou-
dra-t-on savoir ce qui y devient une maladie.
Le Lieutenant de Police d'*Argenson*, écrivant
au commencement de ce siècle à M^de. de *Maintenon*, au sujet des prisons d'état, lui disoit;
„ Je puis & je dois vous assurer que les pri-
„ sonniers n'y ont rien à desirer pour la *nour-
„ riture* & le *vêtement.* (29) J'ajouterai que les
„ Commandans de la *Bastille*, & de *Vincennes*,
„ ont pour les leurs des attentions CHARI-
„ TABLES qui vont fort au-delà de ce qu'on
„ pourroit leur proposer ou leur prescrire : à
„ la moindre maladie, on leur donne tous les
„ secours spirituels ou temporels qui con-
„ viennent à leur état ; mais la privation

» *de la Liberté les rend insensibles à tout autre*
» *bien.* » . . . . . .

Quoiqu'il soit permis de trouver un peu
étrange le rapprochement de ces deux mots,
la *Charité*, & la *Bastille* ; quoiqu'on puisse
soupçonner par le sang-froid de la dernière
phrase que le Lieutenant de Police d'*Argenson*
en parlant ainsi tenoit le langage d'un *Lieutenant
de Police*, c'est-à-dire d'un homme voué
par état à ces barbaries, & obligé de donner
raison à ceux que leur profession rend ses complices nécessaires ; rien n'empêche cependant
de supposer qu'il y avoit dans ses assertions
quelque chose de vrai : mais en ce cas tout est
bien changé : ce ne seroit qu'une preuve de
plus de la dépravation introduite depuis peu
dans ces lieux où dès le commencement on
auroit pu la croire à son comble.

D'abord, pour des incommodités passageres,
ou les attaques subites qui se guérissent avec
du soin, & des secours prompts, il ne faut
plus en avoir, ou il faut y succomber, si elles
sont sérieuses : il n'y a point de secours à attendre, du moins dans la nuit. Chaque chambre est fermée de deux portes épaisses, ferrées
par dehors & par dedans ; & chaque tour en a
une plus épaisse, mieux renforcée encore. Les
Porte-clefs couchent dans une pièce éloignée,
absolument isolée : il n'y a point de voix qui
put pénètrer jusqu'à eux.

On a la ressource de frapper à la porte : mais

une apoplexie, un coup de sang, en laisse-
roient-ils la force ? il est douteux même qu'en
frappant on fût entendu, ou que ces gens une
fois couchés voulussent entendre.

Il y a cependant pour ceux à qui le mal
auroit laissé l'usage de la voix & des jambes un
moyen d'appeller du secours. Le fossé qui
enveloppe le château n'a qu'environ cent
cinquante pieds de large : le revêtement du
coté opposé est couronné d'une galerie qu'on
appelle le *chemin des rondes*, où sont établies des
sentinelles. Les fenêtres donnent sur ce fossé ;
il n'est pas impossible au malade de crier à
l'aide ; & si la grille intérieure qui bouche son
soupirail, comme on l'a vu, n'est pas trop
avancée en dedans ; s'il a la voix forte ; s'il ne
fait de vent ; si le sentinelle ne dort pas,
il n'est pas impossible qu'il soit entendu.

Alors le soldat crie à son voisin, qui crie plus
loin. L'alarme en circulant arrive au corps-
de-garde : le caporal de service vient voir *ce
qu'il y a* ; instruit de quelle fenêtre est parti le
gémissement, il retourne passer par la porte,
ce qui consume du tems : il entre dans l'intérieur ; il va réveiller un *Porte-clef*, qui va
réveiller le laquais du *Lieutenant de Roi*, qui va
réveiller son maître, pour avoir la clef : car
toutes, sans exception, sont déposées chaque soir
chez cet officier. Il n'y a point de place de
guerre où le service soit plus régulier qu'à la
Bastille ; & à qui y fait-on la guerre ?

On cherche la clef : on la trouve. Il faut encore aller éveiller le *Chirurgien* : il faut éveiller le *Frère Chapeau* qui doit completter l'escorte. Il faut que tous ces gens-là s'habillent : au bout de deux heures la troupe se rend à grand bruit chez le malade.

On le trouve, ou baigné dans son sang, s'il en vomit, & sans connoissance, comme il m'est arrivé ; ou suffoqué par son apoplexie, comme cela est arrivé à d'autres. J'ignore quel parti l'on prend quand il est mort sans ressource : s'il lui reste un peu de respiration, ou s'il en reprend, on lui tâte le pous ; on lui dit d'avoir patience, qu'on écrira le lendemain au médecin, & on lui souhaite le bon soir.

Or ce Médecin, sans l'aveu duquel le Chirurgien - Apoticaire de la maison n'oseroit pas donner une pillule, demeure aux *Thuilleries* ; c'est-à-dire à trois milles de la *Bastille*. Il a des pratiques : il a une charge chez le *Roi*, une autre chez *Monsieur*. Il est souvent à *Versailles* pour son service : il faut l'attendre. Il vient enfin : mais il est payé à l'année, & payé également pour ne rien faire, comme pour agir : quelque honnête qu'il soit, il doit être porté naturellement à trouver la maladie légère, afin que les visites soient moins exigibles. On est d'autant plus porté à le croire qu'on l'est aussi à soupçonner de l'exagération dans les plantes du prisonnier ; que la négligence de sa parure, l'abattement habituel de sa personne, le serrement non moins habituel de son cœur ne permettent pas de remarquer d'altération ſur ſon viſage, ni dans ſon pouls ; l'un & l'autre ſont toujours ceux d'un malade ; ainſi il a la triple douleur, 1°. de ſon mal ; 2°. de ſe voir ſoubçonné d'impoſture, & l'objet des railleries. ou des duretés des officiers, car les monſtres dans ces cas-là s'en permettent ; 3°. d'être privé de tout ſoulagement juſquà ce que la maladie devienne aſſez violente pour le mettre en danger.

Alors même ſi on lui donne quelques remèdes, ce n'eſt pour lui qu'un tourment de plus : il faut ſonger à la police de la maiſon : chaque priſonnier enfermé à part, ſeul jour & nuit, malade ou en ſanté, ne voit, comme je l'ai déjà dit, ſont *Porte-clef* que trois fois par jour. Lui donne-t-on un médicament ? On le poſe ſur ſa table, & l'on s'en va. C'eſt à lui à le faire chauffer, à le préparer, à ſe gouverner quand il opère, heureux ſi le Cuiſinier dérogeant à la règle, a la généroſité de lui réſerver un bouillon, le Porte-clef celle de le lui porter, & le Gouverneur celle de le permettre. Voilà comme ſont traités les malades ordinaires, ceux qui conſervent aſſez de forces pour ſe trainer du lit à la cheminée.

Mais quand ils ſont à l'extrémité, accablés au point de ne pouvoir quitter la couche vermoulue où ils giſent, on leur donne une *garde*. Et qu'eſt-ce que cette garde ? Un ſoldat invalide, lourd, groſſier, brutal, incapable d'attentions, de ſoins, de rien de ce qui eſt néceſſaire

à un malade : mais il y a bien pis, c'est que
ce soldat une fois attaché à vous ne peut plus
vous quitter ; il devient prisonnier lui-même :
ainsi il faut d'abord acheter son consentement,
& le déterminer à s'enfermer avec vous tant
que durera votre captivité ; & si vous en reve-
nez, il faut vous résoudre à supporter l'humeur,
le mécontentement, les reproches, l'ennui de
ce compagnon qui se venge bien sur votre
santé des services apparens qu'il a prêtés à
votre maladie. Appréciez maintenant la sin-
cérité du Lieutenant de Police d'*Argenson*,
quand il parloit des secours temporels de la
Bastille, & de la *Charité* des Gouverneurs.

Quant au *Spirituel*, si ces hommes de fer,
incapables de pudeur, ou de pitié, l'étoient au
moins de remords, oseroient-ils même prononcer ce mot ? Peut-il rappeller autre chose que
leurs outrages à la religion ? Ils ne la respectent
pas plus que l'humanité.

D'abord ne va point qui veut à la *Messe*, à
la *Bastille* ; c'est une grace spéciale, une faveur
exquise, qui n'est accordée qu'à un petit nombre d'élus. J'avoue qu'elle m'a été offerte :
le premier jour on m'invita, on me conduisit
aux *Tribunes* où il faut être caché pour en
jouir : je n'y restai pas long-tems. Ce que la
servitude & les fers ont de plus horrible vous
suit, vous accable jusqu'au pied de l'autel.

On traite la Divinité à la *Bastille*, aussi leste-
ment que ses images. La *Chapelle* est le des-

fous d'un colombier garni de pigeons que nourrit le *Lieutenant de Roi :* elle peut avoir fept à huit pieds en carré. Sur une des faces on a conftruit quatre petites cages, ou niches, qui ne peuvent contenir jufte qu'une perfonne; elles n'ont ni jour, ni air, que quand la porte eft ouverte, ce qui n'arrive qu'au moment où l'on y entre, & où l'on en fort. C'eft-là qu'on ferre le malheureux dévot au moment du facrifice on tire un petit rideau qui couvre une lucarne grillée, par laquelle il peut, comme par le tuyau d'une lunette, découvrir le célébrant. Cette manière de participer aux cérémonies de l'*Eglife* m'a paru fi honteufe, & fi affligeante, que je n'ai pas fuccombé deux fois à la tentation d'en avoir le fpectacle.

Pour les *Confeffions*, &c. j'ignore comment on s'arrange; & je ne crois pas qu'il y ait beaucoup de captifs, même dévots, qui cèdent à l'envie d'ufer de cette reffource. Le Confeffeur fait partie de l'*Etat Major :* il eft officier de la maifon. On peut apprécier quelle fûreté il y auroit à être fincère avec lui, fi l'on avoit des reproches férieux à fe faire. Son office n'eft donc qu'un piège, ou une dérifion. Je ne conçois pas comment on a l'audace de propofer aux prifonniers de la *Baftille* d'ouvrir leur ame à un lâche prévaricateur qui proftitue ainfi la dignité de fon caractère; ni comment lui-même foudoyé par le pouvoir terreftre qui les opprime, oferoit leur parler au nom du Ciel qui le défavoue.

Je ne puis pas parler de ce qui arrive quand on meurt, confeſſé ou non ; j'ignore dans ce cas comment on ſe venge ſur le corps de la fuite de l'ame, & dans quel dépôt on jette ces cendres immobiles, quand on eſt bien ſûr de ne pouvoir plus les tourmenter Ce qui eſt ſûr c'eſt qu'on ne les rend pas à leurs familles. Certainement depuis que la *Baſtille* exiſte elle a vu des funérailles : connoit-on un extrait mortuaire qui en ſoit daté, hors celui du *Maréchal de Biron ?* Ces familles ſont donc impitoyablement livrées à la confuſion qui réſulte de l'abſence de leur chef : après en avoir ſouffert tant qu'il exiſte, on leur envie juſqu'au triſte remède que produiroit la certitude de ſon ſort.

Lecteurs dont cette diſcription n'a que trop ſouvent ſerré le cœur, vous croyez être au bout. L'imagination ne vous paroît pas pouvoir aller dans l'art de créer des ſupplices au-delà des raffinemens multipliés que je viens de vous dépeindre. Un aréopage de bourreaux s'indigneroit en ſongeant au ſang-froid avec lequel ces diſpoſitions ont été réfléchies, combinées ; au calme avec lequel on les exécute. Eh bien, voici quelque choſe de plus fort : voici un trait qui m'eſt perſonnel, & qui paſſe tout ce que vous venez de voir.

Depuis le 27 Septembre 1780, juſqu'en Octobre 1781, c'eſt-à-dire pendant DOUZE MOIS, j'étois reſté non ſeulement dans une privation abſolue de toute eſpèce de correſpondance au dehors, ou avec une correspondance pire encore que la privation, comme on le verra plus bas ; mais dans une ignorance non moins abfolue de ce qui s'y paffoit en général, ou relativement à moi : on ne m'avoit laiffé parvenir que les nouvelles propres à augmenter mon défefpoir, à m'enlever jufqu'à l'attente d'un avenir moins affreux. Plufieurs même, par un raffinement auquel on tremble de donner une épithète, étoient fauffes, fabriquées uniquement pour m'induire en erreur, & pour rendre cette erreur plus amère, ou plus funefte. (*Voyez la note 7.*)

Ainfi on me difoit à moi-même, journellement, *& en riant*, que je ne devois plus m'inquiéter de ce qui fe paffoit dans le monde, parce *qu'on m'y croyoit mort* ; on pouffoit le badinage jufqu'à me détailler les circonftances qu'une rage forcenée, ou une horrible légèreté ajoutoit à ma prétendue fin. On m'affuroit que je n'avois rien à attendre de l'empreffement & de la fidélité de mes amis, moins encore parce qu'ils étoient trompés comme les autres fur mon exiftence, que parce qu'ils m'avoieut *trahi* : cette double impofture avoit pour objet, non-feulement de me tourmenter, mais tout à la fois de me donner une confiance fans réferve pour le feul traitre que j'euffe en effet à redouter, & qu'on me préfentoit fans ceffe comme le feul fidèle ; & de pénétrer par la manière dont je recevrois ces infinuations, fi j'avois en effet quelques fecrets qui m'expofaffent à des trahifons.

En Octobre 1781, l'accouchement de la *Reine* m'avoit donné quelques lueurs d'espérance. On n'avoit pas pu me cacher cette nouvelle : j'avois sur ma tête le canon chargé de la publier, & sous les yeux les réjouissances qu'elle produisoit. Ces évènemens étant toujours en *France* l'époque de la rémission même des crimes, l'idée me vint que celui-là pourroit être favorable à l'innocence. J'écrivis une courte lettre à M. le C. de *Maurepas* : connoissant son caractère, j'eus la force de la faire gaie, & presque plaisante. Il en avoit paru touché : il s'étoit montré disposé à seconder la voix publique déterminée enfin en ma faveur. Ce changement dans ses dispositions ne me fut pas caché ; mais de peur qu'il n'en résultât des illusions trop consolantes, on eut soin de m'apprendre en même tems *qu'il étoit mort*, & mort sans avoir rien fait pour moi.

Enfin, en Décembre 1781, ma constitution céda à tant de maux, & d'épreuves ; les manipulations physiques & chymiques qui depuis quinze mois se joignoient aux morales pour la détruire, ayant produit leur effet ; me trouvant attaqué de manière à ne pouvoir plus me flatter même de disputer ma vie davantage ; sentant à chaque minute approcher celle où j'allois perdre, non pas la lumière que je ne voyois point, mais la sensibilité qui fesoit de mon existence le plus cruel des supplices, j'ai desiré de faire un TESTAMENT. Il falloit pour cela une permission expresse : je l'ai demandée :

j'ai fupplié les Miniftres de me permettre de voir l'officier public qui feul pouvoit conftater mes dernières volontés, & le dépofitaire de qui feul je pouvois tenir les connaiffances indifpenfables pour ne pas faire des difpofitions illufoires.

J'ai réitéré journellement pendant deux mois qu'a duré mon danger, les inftances les plus vives, les plus attendriffantes, j'ofe le dire, à ce fujet. Le Médecin de la *Baftille* a eu la complaifance de porter lui-même au *Lieutenant de Police*, organe immédiat du Miniftère en ce genre, une atteftation de mon état, & du péril imminent que je courois : un refus impitoyable a été l'unique réponfe : de forte que, traité comme mort depuis quinze mois ; privé de toutes les facultés des vivans fans exception, hors celle de fouffrir, je perdois jufqu'à l'efpoir de jouir, quand j'aurois en effet ceffé de vivre, des derniers droits qu'en aucun pays on ne refufe aux morts, du moins à ceux que des arrêts folemnels n'ont point dégradé.

C'eft ainfi que j'ai paffé les mois de Décembre 1781, & de Janvier 1782 entiers, dans la perfuafion chaque foir, que je ne verrois pas le lendemain ; & chaque matin que je n'entendrois pas annoncer la fin du jour, par l'horloge lugubre qui dans cette nuit éternelle marque feule la divifion des tems; &, qu'on y fonge, cette attente toujours trompée, devenoit fans ceffe de plus en plus douloureufe, par le fentiment du caprice qui m'envioit jufqu'à la satisfaction de laisser après moi des traces de bienfesance, & des marques de souvenir aux amis qui pourroient encore chérir le mien.

Voilà un fait : pourra-t-on donner un motif ?

On ne peut pas m'objecter le régime de la maison, les prétendues loix de cet écueil de toutes les loix : non - seulement le délire oppressif n'y est pas porté jusqu'à l'excès de faire du refus des actes civils une règle dont on ne puisse s'écarter : mais il fait quelquefois à ses victimes une nécessité de ces actes: la *Bastille* a un notaire bréveté : il peut donc en général y exercer ses fonctions : moi-même on m'avoit dans les premiers tems, non pas permis, mais forcé de l'employer.

L'*Exempt* de la Cour de *France*, quoique fécondé par le Ministre Plénipotentiaire de la *Police* de *Paris*, ayant échoué dans la poursuite de mes papiers, &c. à *Bruxelles* ; un troisième adjoint envoyé à leur secours n'ayant pas d'abord mieux réussi, parce qu'il y a des loix dans ce pays, & qu'elles y sont respectées, on m'a arraché une *procuration* notariée qui a enfin produit une partie de ce que l'on desiroit : si pour pénétrer dans mes secrets, & me chercher des crimes, ou s'emparer de mes dépouilles, on avoit pu sans blesser le Code de la *Bastille*, emprunter le ministère d'un officier public, il n'y avoit pas plus d'impossibilité sans doute, ou de danger, à me le permettre pour régler la disposition de ce qu'on m'avoit laissé : un

Teſtament n'étoit pas plus illicite qu'une *Procuration.*

Quand il y auroit eu contre moi une accuſation, des indices, une procédure commencée,
n'y ayant pas de jugement, le refus du pouvoir
de *teſter*, & par conſéquent une confiſcation an-
ticipée, auroit paru une atrocité ſcandaleuſe
autant que criminelle : comment faut-il donc
le regarder, ou le qualifier, dans la poſition
où j'étois ; car on ne doit pas l'oublier, n'ayant ni juges, ni procès, ni délits, ni accuſateurs ? N'eſt-ce pas-là le dernier abus du pouvoir, & une des plus fortes preuves de la barbarie avec laquelle on ſe joue à la *Baſtille* de
l'exiſtence des citoyens ?

Et qu'on ne diſe pas, je le répète, que la
Baſtille étant excluſivement deſtinée à renfermer
des *Criminels d'Etat*, le régime n'en peut être
trop ſévère, ni trop miſtérieux ; qu'ainſi l'ac-
croiſſement de rigueur que jé lui reproche, ſeroit dans ſon genre une eſpèce de perfection,
puiſqu'on ne peut prendre trop de meſures pour
convaincre, pour déconcerter des perſonnages
dangereux, dont la liberté pourroit entraîner
la ſubverſion de la Patrie.

Non ; cela n'eſt pas vrai : ce n'eſt pas, dans
ces derniers tems ſur-tout, aux *Criminels d'Etat*
que la *Baſtille* eſt réſervée : la légèreté avec laquelle on l'ouvre, s'eſt redoublée dans la même
proportion que l'inhumanité avec laquelle on
la régit. Depuis un petit nombre d'années elle

semble être le préliminaire des *affaires civiles* les plus communes, les moins susceptibles par leur objet & leur issue, de cet étrange & terrible début. Elle est devenue, en quelque sorte, l'Anti-chambre de la *Conciergerie.*

Une femme de qualité est soupçonnée d'avoir fabriqué ou commercé de *faux billets :* on la met à la *Bastille.*

Un fou revêtu d'une robe de Magistrat à *Paris,* accuse une marchande de fayance de *Lyon,* d'avoir été la confidente pécuniaire d'une société disparue depuis long-tems : on la met à la *Bastille.* Relâchée après l'évanouissement de cette ombre absurde, elle se brouille, pour des discussions domestiques, avec un premier commis, qui a intérêt personnellement de la perdre : on la remet à la *Bastille.*

Un subalterne est accusé d'avoir commis des faux dans le maniement des affaires d'une grande maison; mais des faux d'une espèce qui assurément n'intéressoient pas la monarchie : on le met à la *Bastille.*

Voilà le sort qu'ont eu M^{de}. *de St. Vincent,* la D^e. *Roger,* le S^r. *Le Bel.* Etoient-ce là des *Prisonniers d'Etat ?* Quel étoit donc l'objet du régime funéraire auquel on les soumettoit?

Tous ont été renvoyés devant les Juges ordinaires : mais à l'instant du renvoi on n'avoit pas la preuve de leur innocence : bien loin de-

là, on doit croire qu'elle paroiſſoit plus problé-
matique, puiſqu'on les livroit aux lenteurs diſ-
pendieuſes de la juſtice regulière, & à une accuſation réfléchie, intentée, approfondie dans
les formes. Il falloit donc que les éclairciſſe-
mens antérieurs à leur renvoi leur fuſſent plus
contraires que favorables : ils étoient donc, en
ſortant de ce gouffre funeſte, plus ſuſpects
qu'en y entrant : & cependant c'eſt à leur entrée qu'on les accable du régime de la maiſon !
ce n'eſt que quand on n'a plus de droit de les
préſumer coupables, qu'on les en affranchit !
On leur rend une demi-liberté, quand on les
abandonne à une inſtruction qui ſemble former
un indice contr'eux ; on la leur avoit ôtée entière, en joignant à cette perte tous les acceſſoires de la *Baſtille*, avant que de procéder
même aux préliminaires de l'inſtruction.

Il y a plus : les vrais *Priſonniers d'Etat*, ceux
qui arrivent à la *Baſtille* chargés de fers que le
prétexte du bien public peut juſtifier, & pour-
ſuivis par une clameur que des fautes précé-
dentes peuvent excuſer, y trouvent des douceurs
inconnues, des égards refuſés à tous les autres.

J'ignore, par exemple, quel étoit le grief
qui y a conduit quelque tems avant moi un
homme aſſocié clandeſtinement aux expédi-
tions de la marine *Françoiſe*. Je ſuis fort
éloigné d'affirmer qu'il méritât ce ſort : mais
il n'eſt pas poſſible que le titre d'accuſation
au moins, ſur lequel la *Lettre-de-cachet* a été ex-
pédiée contre lui, ne fût grave. Il avoit eu part
à des opérations délicates, & dont le ſuccès n'a-
voit

voit pas répondu aux efpérances, peut-être à
fes promeffes. Le Miniftre qui l'employoit,
accoutumé par fon ancien métier à regarder
l'efpionage comme le plus beau champ du gê-
nie miniftériel, & l'arme la plus fûre d'un gouvernement ; croyant mener la *Marine* comme
la *Police*, & fe flattant de maîtrifer les flottes
Angloifes comme les jeux de *Paris*, l'avoit-il
créé fon fubftitut dans ces flétriffantes fonctions ? Avoit-il, comme on l'a cru, commis
pour doubler fes profits une double trahifon,
toujours à craindre de la part de ces fortes
d'agens ? Chargé de commiffion par la *France*
pour acheter les fecrets de l'*Angleterre*, avoit-il
vendu à l'*Angleterre* ceux de la *France* ? Ou
bien fon protecteur ayant mal-entendu fes
avis ; ou, comme on l'a dit auffi, ayant eu des
motifs perfonnels pour les négliger, avoit-il
cru à la vue des fuites de fon ineptie, ou de fa
prévarication, devoir en rejetter la caufe fur le
fubalterne, & feindre de foupçonner l'intégrité
de celui-ci, pour couvrir fa propre incapacité,
ou pis encore ? Je n'en fais rien.

Ce qui eft fûr, c'eft que fon ancien protégé
n'a connu des fupplices de la *Baftille*, que la
perte de la liberté : c'eft que dès le premier
moment il y a eu des livres, des correfpon-
dances : c'eft que tous les jours, dans le tems
où un filence impofteur, autant qu'effrayant,
donnoit à mes amis de trop juftes alarmes, il y
recevoit des vifites ; c'eft qu'en ayant eu le
foupçon, & m'étant permis, pour m'en affurer,
d'en hazarder le reproche dans une des rares &

H

courtes entrevues que m'a accordées le *Lieute-nant de Police*, ami, comme on fait & créature de M. de *Sartines*; il m'a répondu, en conve-nant du fait, & rejettant les ménagemens dont on ufoit envers le prifonnier que je lui nom-mois, fur ce que le Miniftre auteur de fa dé-tention, étoit BON; & fur mon obfervation toute naturelle que la différence des traitemens auroit dû dépendre de la gravité des accufa-tions, & non de la bonté perfonnelle de chaque Miniftre, il m'a ajouté ces mots remarquables: *Qu'il ne pouvoit qu'y faire; parce que perfonne ne s'intéreffoit à moi.*

De forte que les horreurs de ma captivité, la redondance avec laquelle on m'a noyé de toutes les horreurs de la *Baftille*, ne font venues que de n'avoir pas eu le bonheur d'être mêlé dans quelque intrigue obfcure & honteufe, vraiment relative aux intérêts de l'*Etat*; de n'avoir pas été facrifié à un manège adroit; qui cachât l'indulgence fous les fymptomes apparens de la févérité; de n'avoir eu parmi les Miniftres que des ennemis directs, perfon-nels, & implacables, au lieu d'y avoir des complices; elles font venues du malheur de n'avoir eu pour protecteurs que des hommes honnêtes; pour folliciteurs que des amis déli-cats; enfin, d'avoir eu affaire à une *Lettre-de-cachet* fignée *Amelot*, & non pas *Sartines*.

Qui auroit jamais cru que de ces deux Mi-niftres M. de *Sartines* fût le *Bon-homme?*

Le régime de la *Bastille* n'est donc ni inflexible, ni uniforme : même avec cette rigidité commune il n'en seroit guère moins horrible, puisqu'il exerceroit une rigueur égale sur des délits différens ; &, ce qui est encore plus affreux, sur l'innocence & sur le crime. Mais il n'a pas même cette abominable stabilité : & il n'y déroge que dans le sens contraire à celui qu'indiqueroit la justice.

L'exemple seul que je viens de citer, & le mien, prouvent qu'il est susceptible de modification ; qu'il est subordonné uniquement à la vengeance, au desir qu'ont les cœurs infernaux qui le dirigent de servir le ressentiment ou les nécessités de leurs patrons ; ils prouvent que de même que le Ministère de *France* a des magasins de *Lettres-de-cachet*, signées d'avance, qu'il attend sans bruit le moment d'appliquer, il a aussi des réserves de douleurs qu'il ne déploie que quand l'ordre fatal a eu son exécution ; ils prouvent qu'il y a à la *Bastille* un tarif de tortures pour chaque commensal, comme il y en a un pour leur pension ; & qu'en fixant au lâche Cantinier qu'on charge de leur subsistance le prix des alimens destinés à prolonger leur vie on détermine aussi la mesure de fiel dont il doit l'empoisonner.

Le régime de la *Bastille* est donc institué uniquement pour tourmenter ? & qui ? Des innocens reconnus, puisque des soupçons fondés motivent des égards, ou un renvoi. Au nom

de qui? Au nom du *Roi*, du magiſtrat ſu-
prême, du protecteur né de l'innocence, du gardien de la foibleſſe: c'eſt ſon intervention plus
directe qui produit des effets plus cruels: c'eſt
par ſes ordres immédiats qu'on ſe prétend auto-
riſé à ſoumettre un infortuné qui n'a offenſé, ni
lui, ni les loix, ni rien de ce qu'elles obligent de
reſpecter, à des ſupplices inconnus dans les priſons ordinaires, peuplées d'hommes coupables,
ou du moins accuſes de quelques-uns de ces attentats: c'eſt de *par le Roi* qu'on lui preſſe la
gorge de manière à ne pas intercepter tout-à-fait
la reſpiration, mais à ne lui en laiſſer préciſément
que ce qu'il faut pour perpétuer ſon angoiſſe;
qu'on rit de ces couvulſions; qu'on s'applaudit
de ſes gémiſſemens; qu'on compta comme autant de victoires les ſoupirs prolongés que la
douleur lui arrache: c'eſt le Roi qu'on ne fré-
mit de donner pour auteur de ces prévarications
barbares qu'il ignore, de ces vengeances mi-
niſtérielles que ſon cœur déſavoue.

Oui, vous les ignorez, ô vous que la Nature
m'avoit donné pour maître, & que vos vertus
m'auroient donné pour protecteur, ſi l'innocence avoit autant d'accès auprès du trône que
la calomnie; Vous dont l'eſtime étoit la plus
flatteuſe récompenſe, & le plus puiſſant encouragement de mon travail; Vous dont l'ame
honnête & franche n'avoit été ni effrayée de
ma promeſſe de dire toujours la vérité, ni
rebutée de mon exactitude à la remplir.

Vous ne les connoiſſez pas, ces cachots qui

cependant ne s’ouvrent, & ne se ferment qu’à votre nom ; où l’on ne sent que l’on existe que parce que l’on souffre ; & dont l’espérance même est souvent exclue : ils engloutissent journellement des citoyens irréprochables, des sujets fidèles, qui reclament en vain du fonds de ces abîmes les vertus, & le nom de leur Prince : ce nom sacré, qui est par-tout ailleurs le garant de l’exécution des Loix, n’est là que le titre en vertu duquel on les enfreint.

En signant un ordre pour *enfermer*, vous croyez ne faire qu’un usage légitime de votre autorité ; un usage consacré par une possession de plusieurs siècles ; un usage nécessaire au repos public, & dont il ne résulte aucun abus : vous supposez que l’exécution de cet ordre n’entraîne que les effets d’une précaution de ce genre.

Bienfaisant jusques dans les rigueurs que votre rang vous oblige d’autoriser, vous avez donné mille preuves de votre penchant à soulager les maux que le maintien de la société nécessite. Par vos ordres les prisons destinées à assurer la conviction & le châtiment du crime sont devenues plus douces, moins meurtrières : elles ont cessé d’être une punition préliminaire plus cruelle souvent que le dernier supplice. Vous avez détruit la pratique barbare qui autorisoit les tribunaux à torturer des accusés simplement suspects, pour essayer si par-là on ne réussiroit pas à les rendre criminels.

Vous êtes donc bien loin de soupçonner que dans votre royaume, dans votre capitale, sous vos yeux, il existe une place dévouée spécialement à perpétuer sur l'innocence une question mille fois plus cruelle que toutes les questions préparatoires proscrites par vous; puisqu'enfin elles ne brisoient que les corps, au lieu que celle de la *Bastille* ne déchire le corps, que pour pénétrer plus fructueusement jusqu'à l'ame. Vous êtes loin de soupçonner que l'on ajoute encore arbitrairement à ce régime infernal ; que les agens subalternes, choisis pour le maintenir trouvent de la satisfaction & du profit à l'outrer ; que pareils à ces chiens acharnés qui secouent & mordent le gibier en le rapportant, ils se fassent un plaisir d'être barbares, quand on n'exige d'eux que d'être soumis & fidèles.

Mais vous ne l'ignorez plus ; le voile est déchiré: portez les yeux sur ces souterrains funéraires , où n'est jamais descendu le jour: pour lui en procurer l'accès , il falloit deux évènemens aussi singuliers l'un que l'autre , que j'y entrasse & que j'en sortisse. Le second , que je ne dois qu'à vous, m'assure que les connoissances dont je suis redevable au premier ne seront pas inutiles.

Il m'en coûtera ma Patrie. La nécessité de chercher un tombeau dans les contrées étrangères, hélas! & ennemies, sera le seul prix de tous les sacrifices que je lui ai faits. Celui-ci

eft le dernier : je ferai payé de tous les autres
s'il n'eft pas infructueux.

Mais non, il ne le fera pas : votre cœur pur
& fenfible s'émeut : vous frémiffez : vous rou-
giffez : ce ne fera pas en vain. Dieu quand
vous protégez les hommes, tout puiffant pour
opérer leur falut ; donnez à l'*Europe*, au monde
le fpectacle d'un prodige que vous êtes digne
d'opérer. Parlez : A votre voix on verra s'é-
crouler les murailles de cette moderne *Jéricho*,
plus digne mille fois que l'ancienne des fou-
dres du ciel, & de l'anathême des hommes. Le
prix de ce noble effort fera la gloire de votre
règne ; un redoublement d'amour des peuples
pour votre perfonne & votre maifon ; & la
bénédiction univerfelle des fiècles les plus re-
culés, comme du fiècle préfent.

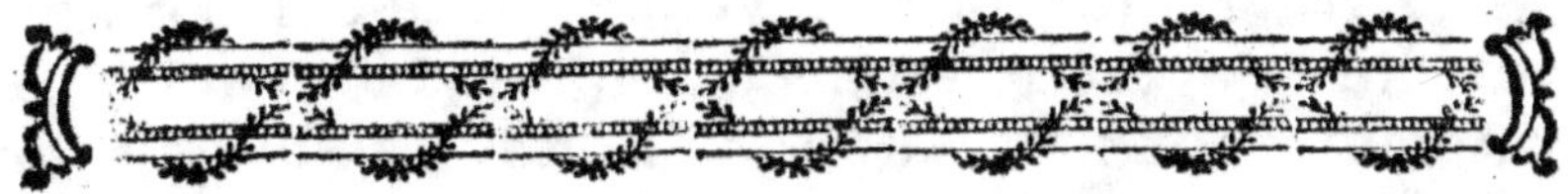

NOTES.

N. B. Les Lecteurs sont priés de ne passer aux Notes, qu'après avoir bien lu, & un peu médité le Texte, s'il est possible.

(1) **P**AGE 5. *Sur les avenues de ces gouffres.*] En général en *France* toutes les places fortes peuvent à volonté devenir autant de *Bastilles :* il n'y a pas un de ces ramparts, élevés en apparence contre les ennemis de l'état, dont un caprice ministériel ne puisse à chaque instant faire le tombeau de ses enfans : mais il n'y a guère qu'une vingtaine de châteaux qui aient cette destination spéciale & constante, tels que la *Bastille* & *Vincennes,* aux portes de *Paris ; Pierre en Cise,* à *Lyon;* les *Iles Ste. Marguerite,* en *Provence ;* le *Mont St. Michel,* en *Normandie ;* le *Château du Taureau,* en *Bretagne ;* celui de *Saumur,* en *Anjou ;* celui de *Ham,* en *Picardie; &c. &c. &c* Et tout cela est rempli de *Prisonniers d'Etat !* & dans tous on suit le régime de la *Bastille !* & dans tous il y a des Gouverneurs *Cantiniers,* des Etats majors *Porte-clefs,* des *Garnisons,* des *Ingénieurs,* &c.

La considération de cette énorme dépense a

donné à quelques Ministres , & entr'autres à
M. *Neker*, dit-on, la velléité d'une réforme ;
si elle s'opéroit jamais, il seroit bien honteux
qu'elle n'eût point d'autre motif. *Supprimer la
Bastille par* ECONOMIE !, disoit il y a quelques
jours, avec indignation, à ce sujet, un des plus
jeunes, & des plus éloquens orateurs de l'*Angleterre !*

(2) Page 5. *Un Condé*] A-propos de ce
nom je ne puis me refuser de placer ici une
anecdote tirée des Mémoires de *Sully*, à laquelle
peut-être peu de lecteurs font attention.

Henri IV, malgré sa vieillesse & ses vertus,
avoit dans ces derniers tems cédé à une passion
aussi scandaleuse que ridicule : il aimoit la
Princesse de *Condé*, femme de son neveu. Il
la lui avoit fait épouser dans l'espérance qu'étant
jeune, dissipé, & avare, on pourroit avec des
plaisirs ou de l'argent l'aveugler sur la conduite
de sa femme. Il n'en fut rien : le jeune Prince
ne voulut ni se distraire, ni s'enrichir : il em-
mena sa femme à *Bruxelles*, sans en avertir personne.

Cette évasion ne pouvoit être qu'approuvée
des honnêtes gens ; elle fut traitée dans le Conseil du Roi, comme une *Affaire d'Etat*. Tous
les Ministres opinèrent gravement tour-à-tour
sur les moyens de remettre au plus vîte dans
les bras du Roi une Maîtresse que l'incommode époux avoit osé lui enlever. Il y avoit
des opinions *Pour la guerre :* quand le tour du
Duc de *Sully* fut venu, il commença son avis
par ces mots : *Si vous m'aviez laissé faire, il y*

*la trois mois , j'aurois mis votre homme à la Baf-
tille , ou je vous en aurois bien répondu.**

C'étoit en *Plein conseil* que ce tenoit ce langage ! celui qui le tenoit étoit un des plus
vertueux Miniftres que la *France* ait eu ; celui
contre qui il le tenoit, étoit un *Prince du Sang ;*
& le crime jugé dans ce *Prince du Sang* digne
de la *Baftille*, étoit d'avoir une jolie femme , &
de ne pas vouloir qu'elle fût la maîtreffe de fon
oncle.

Lecteurs , réfléchiffez.

(3) Page 6. *Sa defcription avec la mienne.*]
Je ne mets pas au rang des mémoires que l'on
peut confulter fur les détails de cet antre de
Trophonius une hiftoire de l'*Inquifition Françoife*, par *Conftantin de Renneville*. Ce livre devenu rare, & cher parce qu'il eft rare , n'a
d'intéreffant & même de vrai que le titre.
C'eft un tiffu de groffièretés dégoûtantes, & de
fables abfurdes.

On y lit, par exemple , qu'un prifonnier
ayant été renfermé dans les fouterrains d'une
des tours, il arracha *avec fes mains* tant de
pierres des fondemens qu'il les ébranla, &
que le Gouverneur effrayé fut forcé de loger
ce nouveau *Samfon* dans le plus bel appartement du château , pour en prévenir la chûte.

---

* Je cite de mémoire: je puis me tromper fur un ou
deux mots : je fuis fûr de ne me tromper , ni fur la chofe ,
ni même fur la phrafe.

L'auteur de ce conte ne favoit donc pas que les murs de la *Baſtille* ont, aux endroits où ils ſont le plus minces, au moins *douze pieds* d'épaiſſeur, & trente, quarante, cinquante dans les autres ; qu'ils ſont de la plus ſuperbe pierre de taille , & par conſéquent auſſi ſolides que les cœurs des gardiens ſont impitoyables.

D'ailleurs *Renneville* ne parle que de mauvais traitemens phyſiques : il eſt vrai qu'on ne les épargne pas dans ce lieu où toutes les manières de rendre l'exiſtence inſupportable ſont employées ; mais, comme on l'à vu ci-devant, ce n'eſt pas ſur cette reſſource que compte le plus les queſtionnaires à *croix de St Louis* qui ſe chargent d'y adminiſtrer les douleurs : ce ſont les ames qu'ils torturent ; & cela eſt bien plus ingénieux.

(4) Page 8. *Confacré en apparence à la juſtice.*] C'eſt le *Lieutenant Gal. de Police :* il eſt le véritable adminiſtrateur de la *Baſtille* , le Gouverneur en chef de ce château : c'eſt par lui que paſſent tous les ordres ; il n'a de ſupérieur dans ce diſtrict que le Miniſtre immédiat du département de *Paris*.

C'eſt une inconſéquence dont on ne peut trouver d'exemple qu'en *France* que cette aſſociation de la *Robe* avec l'*Epée* , d'un magiſtrat avec des ſtipendiaires armés , pour conſommer une oppreſſion que les Loix proſcrivent , & que la *Robe*, la *Magiſtrature* ſont profeſſion de déteſter. Et ce n'eſt pas pour l'adoucir que la régie en a été ainſi confiée à un *Maître des Ré quêtes* : c'est pour la légitimer, en quelque forte, ou du moins la légalifer, s'il étoit poſſible.

Les troupes de la *Ferme générale*, les foldats de la finance ont en *France* le droit de rédiger des actes civils & juridiques ; de dreſſer des procès verbaux ; de faire fubir de vrais interrogatoires à ceux qu'ils arrêtent, & qu'ils fouillent : les troupes du Roi, les militaires nationaux n'ont pas ce droit. Comme ce font eux qui gardent la *Baftille*, il a fallu leur adjoindre un homme qui en fut doué, pour procéder à ce qu'on y appelle des *Procès-verbaux*, des *interrogatoires*, quand on daigne s'amufer à ces formalités : c'eſt-là l'emploi du *Lieutenant de Police*, & l'occafion du pouvoir dont on l'a invefti.

Ce qui eſt plaifant, fi quelque chofe relatif à la *Baftille* peut l'être, ce qui prouve toujours la conféquence des idées *Françoifes*, c'eſt que fa robe qui devient ici pour lui un titre de fupériorité, en eſt, pour tout autre magiftrat, un d'exclufion. Le *Chancelier* lui-même ne feroit pas admis à la *Baftille*, à moins qu'il n'y fût envoyé comme prifonnier. Quand le *Parlement*, comme il arrive quelquefois, par une autre fuite de cette même jufteffe d'efprit, accepte des *Commiffions*, pour juger des prifonniers dépofés à la *Baftille*, il n'eſt pas permis aux Juges d'entrer dans le château : c'eſt à la porte qu'ils tiennent leurs affifes, & qu'on leur amène l'accufé, ou plutôt la victime ; témoin M. de *Lally*, &c. de forte que ces magiftrats fupérieurs, fi fiers, fi defpotiques, n'ont pas même le droit d'infpection fur ces lieux où un fubalterne exerce un empire illimité.

Et ce qui achève de réunir toutes les efpèces de contradictions, comme de confondre toutes les idées, les actes paffés par ce magiftrat appellé exprès, inftitué exprès, pour leur donner une apparence de *légalité*, font formellement défavoués, profcrits par les tribunaux dont il continue d'être membre, toutes les fois qu'ils leur font préfentés. Ils déclarent au *nom du Roi*, de *la part du Roi*, en fefant *parler le Roi*, illégales, & tyranniques, les procédures inftruites, au *nom du Roi*, de la *part du Roi*, en fefant *parler le Roi*, par leur confrère dans les *Baftilles*; & enfin le même homme fiégeant au *Châtelet* comme *Lieutenant de Police*, au *Parlement*, comme *Mr. des Requêtes*, rejettera le lendemain avec horreur, déclarera criminelles, les mêmes pièces qu'il aura extorquées la veille au *Fauxbourg St. Antoine*, à *Vincennes*, &c. en qualité de *Commiffaire du Roi*, & munies de fa fignature.

Ces abfurdités rendent la Légiflation *Françoife* ridicule aux yeux des étrangers : mais malheureufement elles la rendent encore plus accablante pour les nationaux.

(5) Page 8. *Du gage apparent d'un fervice pur.*] Tous les officiers de l'*Etat-Major* à la *Baftille* ont la *Croix de St. Louis* : ceux même qui n'ont jamais fervi, tels que le *Gouverneur actuel*, ou qui ont fervi avec un titre qui n'y donne pas de droit, tels que le *Major actuel* on la leur accorde par grace, & afin de leur donner apparemmeut un extérieur plus impofant.

Cela n'a rien d'étonnant après tout. On la donne bien aujourd'hui, cette croix, si long-tems respectable & respectée, à des *Exemps de Police.* C'est à M. de *Sartines* qu'est due cette honteuse illustration du plus lâche service que le despotisme ait jamais exigé. Si l'on prétend la justifier par l'utilité de ces emplois dans certains cas, il faudroit donc la rendre commune aux *Géoliers* ordinaires, & aux *Bourreaux* ; car enfin ce font aussi des hommes utiles ; & certainement aux yeux de la raison ils font infiniment au-dessus de leurs camarades *Bastilleurs* ; ils devroient être bien moins flétris dans l'opinion publique.

Ils ne font que les ministres d'une sévérité indispensable : ils font officiers, & officiers nécessaires d'un pouvoir legitime : ils peuvent quelquefois exécuter des ordres injustes : mais ils obéissent toujours à la justice & aux loix. Ils font sûrs que l'infortuné qui leur est livré, a eu, ou aura le moyen de se défendre : ils font sûrs ou du moins doivent croire qu'un examen équitable, impartial, a précédé les décisions rigoureuses qui les décident. Ils font autorisés à penser qu'elles n'ont jamais pour objet que des coupables, ou au moins des hommes justement suspects.

Mais un *Exempt de Police*, un officier de *Bastille* font sûrs précisément du contraire : ils favent qu'ils violent les loix, & que leur destination spéciale est de les violer : ils favent qu'ils font les instrumens passifs, criminels, d'une violence arbitraire : ils favent que les trois quarts des victimes qu'on leur donne à crucifier font

innocentes ; que si l'on avoit eu quelque prétexte fondé pour les charger de fers juridiquement, on n'auroit pas eu recours à la voie
abrégée d'une *Lettre-de-cachet*; ils favent enfin
que fans les bayonnettes qui les entourent, leur
procès eft tout fait dans les rituels des tribunaux,
comme dans le cœur de tous les citoyens ; &
qu'un fupplice honteux feroit le jufte prix de
leur infâme condefcendance.

Ils le favent ! & ces violences, ces *Lettres-de-
cachet*, ils s'en rendent les inftrumens ! L'E-
xempt captureur compte fur fes doigts de combien de *Louis-d'or* chaque nouvelle proie lui four-
nira le prétexte de groffir fes mémoires ; le Gouverneur geolier fuppute combien d'*Ecus* il en ré-
fultera pour fa cuifine ; tous deux trouvent la
capture d'autant *meilleure* qu'elle leur devient
plus lucrative.

Affurément l'exécuteur des *hautes œuvres*, ni
fes valets ne pouffent point jufques-là la dégra-
dation de l'avarice, & l'oubli de toute efpèce
de pudeur comme de remords.

Si donc l'opinion étoit raifonnable ; fi c'étoit
la réflexion que déterminât le préjugé, lequel
de ces deux hommes, je le demande, devroit
être le plus flétri aux yeux de la fociété ? à qui
des deux eft dû plus de mépris & d'opprobre ?

(6) Page 9. *Entre M. le Comte de Vergennes,
& moi.*] Voyez ma lettre à ce Miniftre, imprimée
en 1777. Je n'ai point mis cet écrit, ni l'éclat
qu'il a fait, au nombre des caufes de ma détention, parce que ce feroit accufer nettement M. le
C. de *Vergennes* d'une fourberie, d'une hypocrifie,
trop

trop contraire à la vertu, à la franchife dont il fait profeffion : mais il eft très-vrai, cependant que depuis que j'ai eu, moi, la bon-hommie de repaffer la mer *fur fa parole*, des amis éclairés n'ont ceffé de me prédire ce qui m'eft arrivé le 27 Septembre 1780 : ils n'ont ceffé de me répéter que tôt ou tard M. le *C. de Vergennes* fe ménageroit le moyen de concilier le plaifir de fe venger, avec la gloire d'avoir paru pardonner. Ce rapport entre leurs prophéties & l'évènement doit-il l'emporter fur la confiance qu'infpirent les VERTUS de M. le Comte *de Vergennes*?

(7) Page 10. *Plus noble encore que celui de mon féjour.*] Révéler ici l'objet de ce facrifice, ce feroit en perdre le mérite ; il me feroit permis, peut-être, il feroit intéreffant pour ma gloire, & ma vengeance, de revoquer ma parole, comme le Miniftres de *France* ont violé la leur : mais je n'ai pas l'honneur d'être Miniftre. Un ferment tyrannique, & injufte, ne lie jamais : une parole donnée librement lie toujours.

(8) Page 11. *Avec un opprobre réfléchi & combiné.*] C'eft en plein jour, à midi, dans la rue de *Paris*, la plus paffante, & la plus peuplée, que j'ai été arrêté, aux yeux de dix mille hommes raffemblés en un inftant, on pourroit dire convoqués. Mon cocher, mon laquais, ou plutôt ceux du S. *Le Quefne*, & par conféquent de la *Police*, ne cachoient mon nom à perfonne. On fentira tout ce que cette affectation avoit de malignité, fi l'on fonge que dans les affaires les plus férieufes, & même les plus preffantes, c'eft toujours la

I

nuit, & le secret que l'on choisit pour ces opérations violentes : mais le ministère qui se ven-
geoit dans celle-ci , qui savoit bien qu'il n'en
tireroit d'autre profit que l'opprobre , & les
cruautés dont ma détention pourroit être accompagnée , a voulu m'en faire boire l'amertume jusqu'à la lie.

Ajoutons que le Lant. *de Police* , à qui suivant
mon usage de circonspection , & de franchise ,
chaque fois que j'allois à *Paris* , depuis 1777 ,
j'avois rendu ma première visite , m'avoit donné
rendez-vous *pour ce jour-là* , à neuf heures du soir;
chez lui: nous devions parler du N°. LXXI.
des *Annales* , qui n'étoit pas encore distribué ; &
c'est le même jour qu'il me fait arrêter à midi ,
avec le scandale que l'on vient de voir ! & après
cela , on me tient vingt mois dans un secret
impénétrable : on met autant de mistère dans
les suites de ma détention , qu'on a mis de publicité dans la détention même ! Quel en étoit
l'objet ? Faut-il le demander ? La publicité autorisoit à tout dire à ma charge , & le mistère à
tout croire.

(9) Page 12 *Le chargé-d'affaires de* FRANCE.]
Il ne s'agit pas ici de M. le C. d'*Adhemar* Ministre Plénipotentiaire de la Cour de *France* , à
Bruxelles : je puis supposer qu'un homme de condition qui n'avoit jamais eu qu'à se louer de moi
auroit en cette occasion soutenu la dignité de
son caractère , & senti qu'il ne lui convenoit pas
de s'associer à des *familiers* de la *Police de* PARIS
pour consommer une spoliation aussi odieuse
qu'injuste.

Mais il étoit absent : les affaires se trouvoient

entre les mains d'un homme qui est tantôt son intendant, tantôt son secrétaire, &c. & tantôt son représentant, nommé LA GREZE, homme dont une naissance équivoque est le moindre défaut, & que ses premiers emplois ne doivent pas naturellement conduire à figurer dans le corps *Diplomatique*.

Cet étrange Ministre a trouvé dans l'*Exempt de Police de Paris*, & dans son substitut, de dignes collègues. Il les a secondés de tout son pouvoir, & avec d'autant plus de facilité qu'il pouvoit au moins dans les premiers momens couvrir ses trahisons sous les symptômes de l'empressement & de l'amitié : il avoit, je l'avoue, surpris ma confiance: je n'avois pu la refuser à un homme que le gouvernement de mon pays sembloit honorer de la sienne. Il étoit chez moi tous les jours, & tout le jour.

A l'instant du désastre il fut le conseil préféré de la Personne qui en le partageant avoit encore la douleur d'être obligée de travailler à prendre des précautions pour le diminuer. On ne sera pas fâché de trouver ici à ce sujet une anecdote assez plaisante aujourd'hui, mais qui ne l'étoit pas alors.

Il s'agissoit sur-tout de sauver mes papiers; non pas qu'ils continssent rien de criminel : mais c'étoit ma fortune, & plus que ma fortune : d'ailleurs ils renfermoient des secrets importans qui ne m'appartenoient pas; la confiance de beaucoup d'honnêtes gens m'ayant suivi dans ma retraite, malgré mon abjuration absolue du barreau, le repos & l'honneur de plusieurs familles dépendoient de la soustraction de mon cabinet.

La Grèze consulté ne trouva rien de mieux que de jetter les papiers les plus précieux dans la vache de ma voiture, de les conduire à une maison de campagne que j'avois à trois lieues de *Bruxelles*, & d'y ensevelir le tout dans le foin dont les greniers étoient remplis : il assista *déguisé*, à *minuit*, à l'exécution de son avis, répétant sans cesse *qu'il risquoit sa place, & sa fortune, pour me rendre ce service* : il travailla lui-même : il vit charger la vache : il s'assura que la voiture partiroit à l'ouverture des portes : jurant toujours d'un ton pénétré que puisqu'il étoit seul confident de ce dépôt il seroit impénétrable.

La voiture étoit arrivée en effet à la campagne à sept heures du matin. A huit , l'Exempt de la Police *Parisienne* étoit dans mon grenier : il crochetoit la vache : il en brisoit les cadenas : il y trouvoit . . . . quoi! De la paille !

L'onction que *La Grèze* tâchoit de mettre dans ses sermens l'avoit trahi : on avoit profité du moment où il étoit allé souper, ou plutôt instruire l'Exempt, pour faire l'échange.

L'histoire est plaisante : mais la perfidie étoit affreuse. En voici une encore plus atroce, s'il est possible.

En sauvant mes papiers jugés les plus importans, on en avoit laissé dans la maison une quantité assez grande pour autoriser à nier qu'il en eut d'autres. La Police de *Bruxelles* s'étoit saisie de cette proie, tandis que l'Agent *Parisien*, mieux instruit, en poursuivoit une plus précieuse. Lui, & *La Grèze* son complice, déconcertés par la précaution que l'on vient de voir, crurent se dédommager en s'emparant de celle qui étoit restée à *Bruxelles* : ils trouvèrent de la résistance dans les loix du pays : on vouloit un pouvoir de moi : *Le Quesne* appellé à leur aide en avoit bien un, mais il étoit ancien : il n'étoit pas relatif à l'évènement du moment, ni à ses suites : les Magistrats de *Bruxelles* refusoient de le reconnoître; mes amis encore davantage.

Il fallut bien m'en demander un nouveau : car la démangeaison de connoître mes papiers étoit pressante; & l'on se flattoit avec ce titre de faire revenir même ceux qui s'étoient échappés du filet de *La Grèze*. On me le demanda. Je le refusai nettement : on devine qu'elle étoit ma raison. Que fit-on ?

Le Sr. *La Grèze* écrivit au *Lieutenant de Police de Paris* que la justice de *Bruxelles* avoit *saisi tous mes effets*; qu'une partie *étoit déjà vendue*, & CONFISQUÉE, en vertu de la *Joyeuse entrée*; * que le reste alloit avoir le même sort; que le seul moyen de le sauver, étoit un pouvoir de moi, pour s'opposer à ces opérations dévorantes. Dans ce lieu où l'on ne montre rien, on me montra la lettre : on me laissa bien m'abreuver du fiel qu'elle devoit porter dans mon ame : & l'on me présenta le Notaire pour consolateur.

Il fallut bien obéir à ce que je croyois nécessaire : je voulois restraindre au moins la pro-

---

* Ce n'étoit pas la mienne à la *Bastille*, dont il parloit, comme on le sent bien : le *Joyeuse entrée* est un droit particulier des Souverains de *Brabant*.

curation que l'on m'arrachoit ainsi : on employa la violence pour m'obliger à la signer *générale.*

En arrivant à *Bruxelles*, j'ai trouvé que la lettre du S. *La Grèze* étoit faussé dans toutes ses parties. On n'avoit rien confisqué ; au contraire : le pillage n'étoit venu que de ses complices, & de leurs représentans. On avoit gémi à *Bruxelles* en voyant ma procuration ; & quoiqu'on ignorât de quels artifices elle étoit le fruit, on n'y avoit heureusement déféré que sur les articles les moins essentiels pour moi, l'*argent*, & les *papiers* dont l'abandon n'avoit rien d'inquiétant.

(10) Page 12. *D'un Exempt de la Police de Paris.*] Pour ajouter à ce tableau de trahisons & de lâchetés, il est bon d'observer que cet Exempt est un de ceux que j'avois, dans ma courte & orageuse carrière du barreau, arraché à une persécution injuste, mais acharnée : c'est le trop fameux *Des Bruguières.* On l'avoit choisi, ou bien il s'étoit offert, non pas pour me servir ; mais parce que les obligations qu'il m'avoit étant connues, & lui s'étant toujours paré des dehors de la reconnoissance, il étoit plus propre qu'un autre à surprendre la crédulité des personnes dont on redoutoit les lumières, & l'attachement pour moi.

(11) Page 12. *D'un substitut que je nommerai ailleurs.*] Ce substitut n'étoit autre que le Sr. *Le Quesne.* Voyez les détails de cette inconcevable trahison dans l'*Avis aux Souscripteurs,* qui précède le N°. LXXII. de ces *Annales.*

(12) Page 12. *Du Sous - Ministre.*] Le Sr. *La Grèze* s'est fait payer par *Le Quesne*, près de 500 liv. T. à ma charge, *pour ses démarches.* Ce dernier, en me portant la somme en compte, m'a dit qu'il avoit payé par *des ordres supérieurs.*

(13) Page 13. *Elle a réussi.*] On se rappellera peut-être que l'objet en étoit de transmettre aux distances les plus éloignées, des nouvelles, de quelque espèce qu'elles fussent, de quelque longueur que fussent les avis, avec une rapidité presque égale à celle de l'imagination.

La seule objection fondée que l'on m'ait faite, c'est que les *Brouillards* & la *Neige* interromproient cette poste aérienne. Je l'avoue : mais la *Neige* ne dure que quelques heures dans l'année : les *Brouillards* que quelques jours, au moins dans le Continent : des rivières débordées, des ponts rompus, une chûte de cheval, peuvent également retarder, intercepter pendant quelques momens les communications ordinaires.

Je consignerai un jour ici mes idées à ce sujet. L'invention est certainement susceptible encore d'être perfectionnée, & je ne doute pas qu'elle ne le soit. Je suis persuadé qu'elle deviendra avec le tems le plus utile instrument du commerce, & de toutes les relations de ce genre ; comme l'*électricité* sera l'agent le plus efficace de la médecine ; comme la *pompe-à-feu* sera le principe de tous les mécanismes qui exigent, ou doivent donner de grandes forces.

(14) Page 13 *Les droits ordinaires de citoyen.*] Pourvu ! Je suis obligé d'insister sur

cette reftriction. On s'eft déjà permis de publier que j'avois indiftinctement promis *de ne plus écrire*; que cette condition avoit été le prix de ma liberté. Cela n'eft pas vrai. Ce qui eft vrai, c'eft que de moi-même, épuifé de cette lutte perpétuelle, de ce combat inégal où il falloit choquer fans ceffe, fans autres armes que la raifon & la juftice, des ennemis armés du pouvoir, & de l'intrigue, je n'afpirois plus qu'à une paifible obfcurité. Encore une fois, quoique je fuffe bien éloigné de m'attendre à voir deux ans de *Baftille*, remplacés par un exil fans terme, j'aurois été attendre patiemment à *Rethel* la fin de ce nouveau caprice : j'aurois travaillé de bonne foi à me taire, ou du moins à me *Laiffer oublier*, fi cette indifférence pour mon exiftence littéraire, on n'avoit pas prétendu m'obliger de la pouffer jufqu'à mon exiftence civile. C'eft bien à regret, mais affurément bien fans remords, que je fuis rentré dans mon orageufe carrière.

(15) Page 17. *Qui n'en auroit jamais peut-être, même à la Baftille.*] J'en ai fupprimé plufieurs dont le récit ne feroit pas aujourd'hui auffi frappant qu'ils ont dû me paroître douloureux dans le tems : les conjonctures font quelque chofe, même dans les fouffrances; un coup qui n'eft rien pour un homme en fanté, devient infupportable, il peut caufer la mort, s'il porte fur un membre déjà caffé. Mais je ne puis m'empêcher d'infifter fur le refus foutenu jufqu'au bout, de me permettre de

faire un testament „ *par le ministère d'un officier
public.*

S'il n'a pas eu pour motif le caprice le plus
barbare dont jamais Ministre ait pu se donner
la licence, il a donc eu pour objet une prévarication encore plus lâche : on vouloit donc,
en me mettant dans l'impuissance de disposer
du reste de mon bien, favoriser le Sr. *Le Quesne*
qui avoit tout en sa possession ; on vouloit donc,
si j'étois mort, lui ménager le moyen de ne
faire à ma famille que la part qu'il auroit
voulu, & payer ainsi ses trahisons non-seulement à mes dépens, mais à ceux de mes hé-
ritiers. Ne m'ayant rendu aucun compte ; ayant
en main tous mes titres, & tous mes effets sans
exception ; étant assuré par ses relations avec la
Police, &c. qu'un testament *Olographe* de moi
ne sortiroit de mon tombeau que de son aveu,
il devoit s'opposer à tout acte notarié, dont il
auroit été plus difficile de maîtriser les dispositions, ou de supprimer la trace.

Laquelle de ces deux causes a motivé le refus du testament ? Je l'ignore : toutes deux
peut-être ont concouru : mais quand il n'y en
auroit qu'une, n'ai-je pas eu raison de dire que
ce refus seroit un exemple unique, même dans
l'histoire des crimes de la *Bastille* ?

(16) Page 28. *De me préparer une retraite.*]
Il ne falloit peut-être pas moins que cette dernière infortune, pour me guérir de ce patrio-
tisme extravagant : le topique a été cuisant :
mais aussi la cure est radicale.

A préfent que je ris , j'ai trouvé affez plai-
fante une naïveté échappée à ce fujet , à un
homme qui joue aujourd'hui un rôle important
dans le Miniftère. On lui parloit de ma retraite à *Londres* , & de mon intention de publier ces Mémoires-ci. *Mais il veut donc*, dit-
il, *fe fermer pour toujours les portes de la France!*
Mais ces Meffieurs auroient-ils donc encore
quelques *Lettres-de-cachet* à placer , & fonge-
roient-ils à m'honorer de la préférence?

(17) Page 30. *Et défarmer la vengeance.*]
Le hafard m'a fait conferver une copie de
cette réponfe ; je ne puis me défendre d'en
configner ici au moins la fin. Après avoir dé-
taillé d'une manière attendriffante les raifons
qui m'avoient arraché cette lettre, j'ajoutois :
« Il efpère que le Roi voudra bien confidérer
» que c'eft une affaire particulière, une affaire
» fecrette, ignorée ,........ que cette lettre ne
» doit être réputée que la fuite d'un premier
» mouvement que les loix ne puniffent nulle
» part, & que la fimple humanité excufe ;
» qu'enfin de quelque manière qu'on l'envi-
» fage, elle ne doit pas effacer le fouvenir
» des fervices que le répondant s'eft efforcé de
» rendre toute fa vie aux particuliers nombreux
» qu'il a défendu, & fauvés dans les tribunaux ;
» au public qu'il s'eft efforcé d'éclairer par fes
» écrits ; à la religion, aux loix, aux mœurs
» qu'il a toujours fcrupuleufement refpectées ;
» ni de la délicateffe qui lui a fait facrifier à la
» feule apparence de la rupture , un établiffe-

„ ment tout formé en *Angleterre*, pour se rap-
„ procher de la *France*; ni de la fermeté avec
„ laquelle il a publié par-tout les louanges, &
„ soutenu les intérets de son Prince & de sa
„ Patrie, même au milieu de leurs ennemis
„ comme le prouvent sur-tout ses *Annales*; ni
„ du dessein qu'il a toujours eu, & annoncé de
„ rentrer en *France*, de s'y fixer, d'y rapporter
„ sa fortune, & d'y vivre sous les loix du
„ Souverain à qui la Providence l'a soumis;
„ dessein qui étoit un des principaux ob-
„ jets du présent voyage, & sans lequel il ne
„ seroit pas tombé dans l'infortune où il se
„ trouve.

„ Il n'ajoutera plus qu'un mot; c'est qu'en
„ développant ainsi les considérations qui peu-
„ vent rendre sa faute plus légère, il ne pense
„ pas néanmoins à l'excuser entièrement : il
„ ne se propose que de fournir des motifs à la
„ clémence du Roi pour en abréger la peine;
„ & à la générosité de M. le M^al. de *Duras*
„ pour en solliciter le pardon. „

Depuis cette réponse je n'ai plus entendu
parler de rien : j'ai seulement appris depuis ma
sortie, qu'elle avoit été un sujet de plaisanterie
pour les bureaux de M. le C. de *Vergennes*.
Le Sr. *Moreau*, entr'autres, un de ses Secrétaires favoris s'est permis, en la lisant à ses
amis, de dire à cette fin, *Ah, ah, à présent
il fait le capon.*

O *Louis XVI*, ô Roi juste & bienfaisant,
est-ce donc ainsi que les agens mercenaires
des Ministres qui vous trompent, insultent aux
douleurs de vos sujets qu'ils oppriment! Est-

ce ainsi qu'ils osent travestir des retours respectueux de confiance & de soumission envers vous ! Est-ce d'une inculpation ainsi reconnue, & discutée, que vingt mois de barbarie ont été le fruit ?

(18) Page 25. *Que la satisfaction de l'avoir rendu.*] On m'a assuré depuis ma sortie qu'on avoit fait courir de prétendues copies de cette lettre. Je déclare ici, qu'il n'est pas possible qu'il en existe : on ne peut pas supposer que le *Lieutenant de Police* l'ait livré à a curiosité publique. Assurément M. le M^{al}. de *Duras* ne la montrera pas plus à l'avenir que par le passé : les mains qui ont soustrait mes papiers aux recherches ardentes de ses vengeurs ont eu la même discrétion : ainsi ce petit secret est un de ceux sur lesquels la malignité publique ne sera jamais satisfaite.

(19) Page 34 *Du très-ridicule neveu de M. de Leyrit.*] Pour apprendre quel est ce personnage, voyez les Tomes VIII & IX des *Annales*, mais sur tout le IX, page 217 & suivantes. Peu d'affaires ont été plus atroces, & aucune, même en *France*, n'a jamais eu des détails & des suites plus inconcevables que tout ce procès de M. de *Lally*. Le *Parlement* de *Paris* après avoir eu la bassesse inconséquente d'accepter une *commission* pour le juger ; & la cruauté horrible de punir par un arrêt de mort, des fougues excusables peut-être en tout sens, des écarts auxquelles l'arrêt même n'a pas osé adapter le nom de crime, a eu la bassesse & la cruauté tout à la fois, de traverser sourdement un fils qui de-

mandoit la réhabilitation de la mémoire de fon père.

Le *Parlement* de *Rouen*, conſtitué reviſeur d'un jugement déjà reconnu irrégulier dans la forme, déjà anéanti en conféquence, & démontré au moins auſſi inique dans la forme, n'a pas, à la vérité, prévariqué au point d'ofer le confacrer de nouveau ; mais pour éluder la néceſſité de fe décider entre la juſtice, & un corps de fon ordre, il a mieux aimé violer une des règles les plus folemnelles de la procédure *Françoiſe*, & admettre une *intervention* auſſi folle par ſes acceſſoires, auſſi abſurde en elle-même, qu'inſoutenable en juriſprudence. D'où réfultent de nouveaux combats, de nouvelles queſtions, un nouveau renvoi à un autre Parlement, celui de *Dijon*, où M. de *Lally* aura à eſſuyer les mêmes préjugés, les mêmes déférences pour l'eſprit de Corps, les mêmes fureurs.

Il ne faut point fe laſſer de le redire : le reſte de l'univers n'offre point de pareils exemples : ils n'ont lieu ; ils ne peuvent avoir lieu qu'en *France*.

Sic vivitur illic.

Mais auſſi on y a l'*Opera Comique*, le Grand *Opera*, les *Boulevards*, les *Champs Éliſées*, le *Mercure*, &c. &c. &c.

(20) Page 35. *Tant que j'ai écrit d'Angleterre, je n'ai eſſuyé aucune tracaſſerie.*] Cette remarque eſt auſſi vraie que finguliere ; & elle tient à une anecdote plus finguliere encore, s'il eſt poſſible, que tout ce qui a précédé : mais que je fupprime par deux raiſons ; 1°. par

le refpect pour un nom augufte, qui s'y trouve mêlé; 2°. parce qu'elle eft plus curieufe, plus piquante qu'utile. Tout ce qu'elle prouveroit, c'eft la fupériorité que donne même aux fimples particuliers l'influence d'un atmofphère épuré par la Liberté, tel que celui de la *Grande Bretagne*, fur la fange du defpotifme, qui fouille, énerve prefque également, & fes agens, & fes victimes : or cela a-t-il befoin de preuves?

(21) Page 42. *Un fi long facrifice.*] Je fuis bien fâché pour M. le Mal. de *Duras*, de le tenir fi long-tems fur une fcène où il ne fait pas une bien honorable figure : mais encore une fois ce n'eft pas ma faute. Pour me réduire à un filence éternel, il n'auroit eu befoin d'être généreux qu'un moment.

(22) Page 53. *Les Privilèges du peuple.*] En citant la *Tour de Londres* à l'occafion de la *Baftille*, je commettrois une réticence injufte, & même criminelle, fi je n'obfervois que ces deux féjours ont entr'eux bien plus de différences réelles que de reffemblances apparentes. Les Commandans de la Tour, la garnifon qui exécute leurs ordres, font foumis à l'infpection du *Parlement,* comme les autres fujets de l'Etat. Un prifonnier maltraité par eux a mille moyens de faire parvenir fes plaintes aux fupérieurs qui peuvent y faire droit, & aux amis, aux parens intéreffés à les faire valoir. Ce prifonnier eft fûr *qu'on lui fera fon procès, & publiquement.* Il a des confeils, des Avocats; tout ce qu'il doit éclaicir, ou détruire, lui eft communiqué dans

le plus grand détail. L'accusation de *Crime
d'Etat* n'influe que sur le dépôt auquel est
confié l'accusé ; elle ne change absolument
rien à la forme de la procédure qui doit décider
de son sort. Enfin, dans les délais même, &
la sévérité qu'elle comporte, il n'y a jamais
l'ombre d'incertitude, non - seulement sur son
existence ; mais même sur l'état de sa santé, ni
sur le lieu où il est détenu : est-ce-là la *Bastille ?*

(23) Page 54. *On se pratique aujourd'hui
dans le monde.*] Peut-être quelques censeurs
pointilleux, ou quelques membres de l'administration m'accuseroient-ils ici d'user d'hyper-
bole ; peut-être prétendroient-ils qu'il y a peu
de pays où l'on ne trouvât, quand au fonds,
l'équivalent de la *Bastille,* &, quand à la forme,
des usages, ou des abus encore plus horribles :
ils essayeroient par ce parallelle de justifier au
moins indirectement l'abominable régime que je
dénonce ici à toutes les ames honnêtes, & que
les plus déterminés partisans du despotisme n'o-
seroient songer à excuser que par de semblables
subterfuges.

Otons leur encore cette ressource. Je suis
convenu que dans presque tous les pays, le
Bien public paroissoit quelquefois un motif capable de légitimer des rigueurs extraordinaires;
mais il n'est pas vrai que nulle part les loix, ou
même un usage constant aient rien consacré
d'approchant du régime de la *Bastille.* Quelque répugnance que m'inspire ce triste & honteux sujet, quelque dégoût que j'éprouve à la

feule idée de prolonger la néceffité de m'en occuper, dépouillons les annales de la tyrannie: parcourons le globe, & cherchons dans l'hiftoire des crimes du pouvoir arbitraire, s'il y en a aucun que l'on puiffe comparer à l'inftitution du Château qui écrafe la rue *St. Antoine à Paris.*

Ce court réfumé des misères paffées, ou étrangères, fera peut-être plus d'impreffion que la peinture la plus énergique des nôtres. En voyant quels ont été dans tous les tems les fruits des *Lettres de-cachet*; en les comparant à ceux qu'elles produifent encore de nos jours, les *Titus* modernes décideront plus aifément fi c'eft à eux qu'il convient de continuer de fe fervir d'une femblable reffource, & de fe piquer d'une femblable rivalité avec les *Phalaris*, & les *Nérons.*

Je le repète donc, & je vais le prouver par les faits : dans l'univers entier il n'y a jamais eu, il n'y a rien qui reffemble au *Régime* de la *Baftille.* On ne connoît point de nation flétrie par l'opprobre & l'atrocité d'une *Baftille* toujours exiftante; d'un gouffre fans ceffe ouvert pour recevoir des hommes, non pas à PUNIR, qu'on y prenne bien garde, mais à TOURMENTER; d'un Purgatoire politique, où les fautes les plus légères, fouvent l'innocence, foient arbitrairement foumifes aux fupplices de l'Enfer.

Dans toute l'antiquité vous ne trouvez de prifon d'*Etat* que chez les plus abominables tyrans, & même pendant leur règne. C'étoient, comme le fer & le poifon, des fléaux paffagers dont ces oppreffeurs exécrés fefoient ufage tant

que

que duroit leur usurpation, & qui disparoissoient avec eux : elles n'étoient pas liées à la constitution du pays ; ce n'étoit pas un des ressorts favoris du gouvernement, ni la ressource habituelle de l'autorité. Ce qu'on connoît de leur police ne permet, en aucun sens, de les comparer à la *Bastille.*

On lit, par exemple, que le premier *Denys* en avoit une dans son palais à *Syracuse* : il y avoit même, dit l'histoire, pratiqué un raffinement dont il est peut-être étonnant qu'aucun des *Denys* subalternes qui ont marché sur ses traces avec tant de succès pour la perfection du régime de la *Bastille* ne se soit avisé. Les voûtes des cachots y étoient ondulées avec un tel art que tout ce qui s'y disoit, retentissoit, & s'entendoit distinctement dans un cabinet qui servoit de réceptacle à ces sons ramassés. C'étoit-là l'observatoire, ou si l'on veut le confessional où le tyran se plaçoit pour intercepter les conversations & les secrets des prisonniers : on appelloit ce cabinet ingénieux l'*Oreille.*

Cependant il falloit que l'*Oreille* ne rendît pas tout : car on ajoute qu'un philosophe y ayant été enfermé par *Lettre-de-cachet*, & en étant sorti, le tyran fut curieux de savoir de lui à quoi on s'y occupoit : *A souhaiter ta mort*, répondit le captif sincère. L'*Oreille* n'avoit donc pas révélé ce secret-là, dont le fruit fut, s'il faut toujours en croire l'histoire, une autre *Lettre-de-cachet*, portant ordre d'égorger tous les prisonniers.

Quoi qu'il en soit de ce dernier trait, puisque l'*Oreille* avoit été construite pour épier les conversations des prisonniers, ils conversoient donc entr'eux : ils se voyoient donc : ils n'étoient

donc pas abandonnés à une solitude absolue :
ce n'étoit donc pas la *Bastille*.

. Chez les *Roma ns* il n'y avoit ni *Oreille* ni
Bastille. Du tems de la république les citoyens,
même coupables, ne pouvant être arrêtés qu'a-
près la condamnation, la prévenoient ordinairement par un exil volontaire : à plus forte
raison l'innocence n'avoit-elle pas à redouter
des cachots arbitraires.

Sous les Empereurs elle ne fut pas à l'abri
des assassinats ordonnés au nom du Prince : mais
alors c'étoit dans la maison même des victimes
que se consommoient les sacrifices. La *Lettre-de-
cachet* contre-signée *Sejan*, *Narcisse*, *Tigellinus*,
&c. qui ordonnoit de mourir, étoit notifiée par
un *Tribun*, un *Centurion*, à la tête d'une es-
couade de soldats : car par-tout ce sont les militaires qui se chargent de ces fonctions, comme ce
sont les chiens qui lencent & déchirent le gibier.

A la vue de l'ordre ministériel les uns pre-
noient du poison : les autres se perçoient d'un
poignard : d autres se fesoient ouvrir les veines :
la troupe environnoit la maison jusqu'à ce que
l'affaire fut faite, & puis elle s'en retournoit
froidement aux casernes, comme si elle venoit
de monter la garde.

On ne manquera pas de se récrier que cela est
encore plus dur que la *Bastille* : je n'en sais rien :
il n'y a guère que ceux qui y sont qui pourroient décider cet étrange problême. Si je m'en
rapportois à moi-même, à ce que j'ai éprouvé
dans le tems, la méthode expéditive du despotisme *Romain* me paroîtroit infiniment préfé-
rable. J'ai demandé mille fois verbalement, &

par écrit, une *Procédure* , ou la *Mort* : & alors le bain de *Seneque* , ou le poignerd de *Trasea* , m'auroit paru une faveur.

Mais sans prononcer sur cette question , au moins est-il sûr que les *Narcisses* n'envioient pas à ceux dont la vie les importunoit , la consolation de *faire leur testament* avant de la quitter. Au contraire ils récompensoient par cette tolérance leur promptitude à obéir ; la faculté de rédiger ses dernières dispositions , & la certitude qu'elles feroient exécutées , étoient , suivant *Tacite* , *pretium festinandi.* Or on a vu qu'à la *Bastille* , la même résignation , la proximité d'une mort que je hâtois par mes vœux , ne m'a pas valu la même indemnité. Il y a donc quelque chose de plus d'un côté que de l'autre : à *Rome* , dans ces so tes de cas , la mort étoit plus infaillible ; en *France* on sait en rendre les approches plus douloureuses.

Ce n'est pas tout : cette précipitation meurtrière n'étoit à craindre que pour les grands. Les monstres qui l'avoient exigée échappoient rarement à la vengeance publique. *Sejan* fut déchiré par le peuple : *Neron* proscrit par des arrêts , auroit péri d'un supplice ignominieux s'il ne se fût lui-même arraché la vie : d'ailleurs les *Trajans* , les *Antonins* venoient de tems en tems délivrer *Rome* de cet opprobre , & empêcher la prescription qui en auroit fait avec le tems une des prérogatives de la couronne.

Sous les plus mauvais Princes même on voit que les *Criminels d'Etat* , ou plutôt les *Accusés d'Etat* ordinaires , n'étoient assujettis qu'à une gêne incommode , & non à une captivité horrible. On leur attachoit une main à celle d'un soldat

qui ne pouvoit ainsi les quitter. C'étoit un dé-
sagrément sans doute que cette société ; mais
elle n'empêchoit ni *Agrippa* de dormir paisible-
ment chez lui sous *Tibère*, ni St. *Paul* de prêcher
publiquement sous *Neron*, Etoit-ce-là la *Bastille* ?

La seule espèce de *Prison d'Etat* rigoureuse
que l'on trouve constamment maintenue dans
l'ancienne *Rome*, c'étoit ce que l'on appelloit
la *Transportation*.   On avoit de petites îles in-
habitées, où l'on déposoit les personnages devenus suspects à la cour. On les y abandonnoit
avec défense de *désemparer*, sous peine de mort.
J'avoue qu'on ne voit pas qu'aucune procédure
justifiât ordinairement *ces Lettres-de-cachet :* mais
les infortunés ainsi dégradés conservoient cependant
la vue du jour, & la faculté de respirer l'air :
ils jouissoient d'une partie de leurs revenus : ils
pouvoient se faire accompagner de quelques-uns
de leurs domestiques : ils recevoient, ils écrivoient
des lettres : enfin, si l'ennui devenoit trop fort,
s'ils préféroient l'expatriation à cette honteuse résignation, ils pouvoient s'échapper, & ils s'é-
chappoient. On voit bien que ce n'étoit pas encore-là la *Bastille*.

L'histoire du *Bas Empire* n'étant rien moins
qu'exacte, il est impossible d'y suivre bien en détail la jurisprudence des *Lettres-de-cachet :* les
prétendus Empereurs étant souvent faits & dé-
faits avec aussi peu de cérémonie que les DEYS
d'*Alger*, leurs Ministres n'auroient guère eu le
tems de faire servir les *Prisons d'Etat* à leurs vengeances : au lieu de mettre les sujets en mue,
ils leur coupoient la gorge sur-le-champ, & cette

politique fut souvent adopté par ceux mêmes qui jouissoient quelquefois d'un règne brillant & heureux.

Constantin avoit une méthode à lui : il fesoit étouffer dans des bains chauds les personnes dont il vouloit se défaire sans bruit, & sans scandale, telles que sa *Femme*, son *Fils*, &c. Pour son *Beau-père* il le fesoit étrangler, & décapiter son *Beau-frère* : il ne ménageoit guère que les *Evêques* ; il se contentoit de les exiler : mais il paroît qu'il n'enfermoit personne.

On pourroit soupçonner que sous son fils *Constantius* on commençoit à jetter les fondemens d'une *Bastille* : car y ayant eu quelques troubles dans un concile tenu par ses ordres ; les Pères s'y étant divisés, & les choses ayant été jusqu'à la violence, des *Commandans de Province*, porteurs de *Lettres-de-cachet*, en firent enfermer quelques-uns : un d'entr'eux, nommé *Lucifer*, écrivit à l'Empereur lui-même en ces termes : ....
„ Parce que nous nous sommes séparés de votre
„ concile d'iniquité, nous languissons en pri-
„ son, privés de la vue du soleil ; gardés avec
„ soin dans les ténèbres ; & on ne laisse entrer
„ personne pour nous voir........ „ Voilà bien la peinture d'une *Bastille*.

Cependant d'un côté on voit que le Prélat avoit la permission de s'adresser directement au Prince, & de se plaindre à lui des rigueurs de sa détention, ce qui est précisément un des points le plus formellement interdits par le Code des *Bastilles* ; de l'autre, il est probable que si une invention aussi admirable s'étoit une fois introduite dans l'Empire, elle s'y seroit perpétuée ;

il n'auroit pas fallu attendre jufqu'à *Louis XI.*
pour la reffufciter : or on n'en revoit plus de
traces à *Conftantinople.* Quand on voulut fe défaire de St. *Jean Chryfoftome* on l'envoya à *Cucufe;*
au lieu de le tuer par l'immobilité d'un cachot
on le fit périr par des courfes violentes : mais
on n'eut pas même l'idée de l'enfevelir dans une
citadelle, où il fut cenfé mort de fon vivant.

Dans l'empire *Grec* les Secrétaires d'Etat &
les commis fentirent de bonne heure combien
il leur étoit important de priver de la lumièie
les hommes qu'ils jugeoient dignes de leur attention & de leur reffentiment : mais ils n'ima-
ginèrent pas des cavaux pratiqués dans des murailles de vingt, de trente pieds d'épaiffeur :
ils attaquèrent les yeux mêmes, au lieu d'en enlever l'ufage : on les arrachoit, on les rotiffoit
avec des lames d'argent ou de cuivre ardentes ;
on les étuvoit quelquefois avec du vinaigre
bouillant, le tout en vertu d'une *Lettre-de-cachet.*

Ces *Criminels d'Etat* devenoient aveugles, je
l'avoue : mais enfin le defpotifme qui les mar-
tyrifoit ainfi n'étoit pas une *Loi de l'Etat:* il
n'y avoit pas à la cour de Miniftre qui eut le
diftrict particulier des *aveuglemens.* Le *Lieutenant de Police* de *Conftantinople* n'étoit pas créé
par un brevet exprèsCommiffaire Impérial à l'application du vinaigre enflammé, ou des eftam-
pilles brûlantes.

Dans la *Conftantinople* moderne, ce fcandale de
notre prétendue philofophie, & en apparence de
l'humanité ; il y a une fortereffe qui femble
avoir quelque affinité avec la *Baftille :* ce font les

Sept Tours : nos voyageurs l'appellent une *pri-son d'Etat* ; mais d'après leurs relations même on voit que c'est un dépôt plutôt qu'une prison. On n'y consigne guère que les Ambassadeurs Chrétiens des Puissances qui rompent avec la Porte ; ils y continuent non-seulement d'y voir qui ils veulent, mais d'être servis par leurs propres domestiques.

Les esclaves dont la rançon est stipulée, mais non payée, sont quelquefois obligés d'aller y attendre l'exécution de ce marché : alors c'est un asyle pour eux, autant qu'une sûreté pour leurs maîtres. Oisifs, bien nourris, souvent visités, c'est une anticipation de la liberté qu'ils goûtent, & non pas des fers qu'ils supportent.

Mais jamais on ne s'est avisé d'enfermer aux *Sept Tours* uniquement pour y languir, pour y être séquestré plus rigoureusement que les plus abominables scélérats, des hommes à qui l'on n'impute point de crimes. Jamais ni *Sultan*, ni *Visir*, ni *Cadi*, ni *Janissaire* n'a pensé à donner, ou à solliciter, ou à exécuter une *Lettre-de-cachet* contre un Bourgeois de *Constantinople* d'*Erzerum*, ou de *Salonique*, pour avoir trouvé l'aigrette du *Grand Visir* moins brillante qu'à l'ordinaire, ou la pabouche du *Selictar* mal-brodée.

Si un blasphémateur a outragé le Prophète, on le circoncit, ou on l'empale : la loi étoit précise, & au moins il a le choix. Si un *Visir* a abusé de son pouvoir, on l'exile, on le dépouille ; quelquefois on l'étrangle : pourquoi se fesoit-il Visir ? pourquoi étoit-il avide ? Si un boulanger vend à faux poids, & vole ainsi le public, il est puni comme un voleur : la punition est prompt,

&quelquefois terrible : mais le délit & la conviction l'ont toujours précédée. Tous les habitans de ce vaste empire, *Grecs, Arméniens, Francs, Afiatiques, Européens, Tartares, Catholiques, Schifmatiques, Cophtes, Juifs, Mufulmans* &c. paffent leurs jours dans la plus paifible, la plus heureufe fécurité, s'ils obfervent les loix, s'ils ont furtout le bonheur d'être inconnus au Serrail : ils n'ont pas même d'idée d'une *Baftille*, & d'une *Lettre-de-cachet.*

En *Perfe*, dans fes tems de gloire & de calme, c'eft-à-dire jufqu'aux guerres civiles qui la dévaftent depuis un demi-fiècle, non-feulement ces reffources de la vengeance miniftérielle étoient également inconnues ; mais la juftice-ordinaire même, avoit trouvé moyen d'épargner aux accufés vraiment fufpects l'humiliation & l'horreur des cachots. Les prifons y étoient mobiles. L'homme dont l'ordre public exigeoit que l'on s'affurât ne perdoit de fa liberté que ce qu'il falloit lui en ôter pour qu'il ne pût ni fe fouftraire au châtiment, ni fe rendre plus criminel. Une induftrie plus compatiffante que févère y avoit imaginé la *Cangue*, efpèce de triangle de bois portatif, qui étant fixé au col, & prenant une des mains de l'accufé, ne pouvoit ni fe cacher, ni fe détacher, fans cependant lui ôter aucune de fes facultés. Portant ainfi avec lui une garde peu difpendieufe, il confervoit la jouiffance du jour, celle de la vie, l'adminiftration de fes affaires, toutes les facilités néceffaires pour éclaircir fon innocence, fans ceffer d'être foumis à la puiffance civile chargée de la vérifier.

On nous parle des exécutions fanglantes ordonnées par des monarques yvres : mais ces horreurs étoient reufermées dans les harems ; & l'inftitution feule de la *Cangue* prouve que l'efprit général de la nation, fans excepter le gouvernement, avoit autant de douceur que d'équité.

C'eft la même chofe au *Mogol*, dans toutes les *Indes*, à la *Chine*, au *Japon*. Dans ce dernier pays, d'où notre inquiétude nous a juftement fait bannir, les relations qui nous en viennent affurent que les mœurs font cruelles, & les fupplices auffi prompts qu'affreux. Cela fe peut ; mais au moins d'un côté la rapidité compenfe la barbarie : on ne connoît point ces longues détentions qui éternifent le plus horrible des fupplices, le défefpoir produit par l'incertitude de la fin des maux.

L'homme que l'on éventre, qu'on précipite fur des crocs ; qu'on hache en dix mille morceaux, qu'on pile vivant dans un mortier, s'il eft vrai que ces peines raffinées foient communes, cet homme a été jugé ; il a pu fe défendre, fe juftifier : c'eft le magiftrat ; c'eft la loi, & non pas le caprice qui l'ont condamné.

Nos miffionnrires ont quelquefois habité des prifons dans l'*Inde*. Etrangers, inconnus, prêchant des nouveautés qui devoient paroître bifarres, même aux appréciateurs les plus indifférens, & dangereuíes, criminelles aux magiftrats, & fur-tout aux prêtres dont ils fe déclaroient les ennemis, il n'y avoit point d'hommes contre qui la févérité fût plus légitime, & les *Lettres-de-cachet* plus excufables : cependant ils font obligés de rendre juftice à l'humanité des juges qui les détenoient, des geoliers qui les gardoient, des naturels du pays qui les vifitoient, les confoloient, les nourriſſoient.

Nous ne voyons d'exemples approchant de nos châteaux royaux & des ordres qui les peuplent, que dans l'aventure des Princes du fang baptifés par les *Jéfuites*, exilés d'abord, & enfuite renfermés fous l'Empereur *Jontching*. Les miſſionnaires qui nous ont inftruits de cette cataſtrophe ne nous en ont point révélé la caufe : mais quelle qu'elle foit, leur récit conftate bien qu'il n'y a point de *Baftille* à la *Chine*, puifqu'on fut obligé d'en conftruire une exprès pour chaçun des princes deftinés à en fubir le féjour.

Et alors même ce ne fut pas une fouftraction clandeftine, opérée fourdement par des *Exempts de Police*, qui laiffât une égale incertitude fur la vie des prifonniers, & leur crime, ou leur innocence. Ces prifons momentanées furent conftruites avec appareil, on eut foin de les rendre vifibles, comme l'exemple d'un grand châtiment, & fans doute dans le pays perfonne n'en ignoroit le fujet.

Mais au milieu de cette rigueur effrayante, les patiens recevoient encore des adouciffemens : ils voyoient quelquefois leurs domeftiques : ils fefoient demander les fecours fpirituels des guides auteurs de leur infortune : on leur portoit de chez eux des habillemens, de la nourriture, des nouvelles, enfin tout ce qui eft fcrupuleufement exclus de la *Baftille*.

Dans l'*Afie* entière il eft impoffible de découvrir une *Prison d'Etat* conſtante, admiſe au nombre des principes du gouvernement, ailleurs qu'à *Ceylan.* „ Le Roi y a, dit un voyageur, „ quantité de priſonniers, qui ſont enchaînés, „ les uns dans les priſons ordinaires, les autres „ ſous la garde des grans. On n'oſeroit s'in-„ former pourquoi, ni depuis quel tems ils y „ ſont; on les tient ainſi durant cinq ou ſix „ années : quand on les empriſonne, c'eſt par „ l'ordre du Roi. „ . . . . .

Voilà bien quelque choſe de la *Baſtille :* les *Miſtères d'Etat* de *Ceylan* ſe rapprochent un peu de ceux de la *Rue St. Antoine :* mais obſervez cependant qu'il n'y eſt pas queſtion de ces cachots ſpécialement deſtinés à enſevelir les infortunés ſur le crime, ou la cataſtrophe desquels le ſilence eſt ſi impérieuſement preſcrit. Ils ſont dépoſés dans les *Priſons ordinaires*, ou confiés à la *Garde des Grans.*

Dans le premier cas ils n'eſſuient donc qu'un malheur commun à tous les accuſés : dans le ſecond ils doivent trouver dans ces *Chartres privées*, quoique *Royales*, des ſoulagemens de toute eſpèce. On ne peut pas ſuppoſer que toute la nobleſſe de *Columbo*, ou de *Candi*, prenne le cœur d'un Gouverneur de la *Baſtille*, parce qu'un deſpote en exige d'elle paſſagèrement les fonctions. Il eſt évident d'ailleurs qu'aucun de ces gentils-hommes bafanés, ne peut avoir chez lui, ni ces fenêtres, & ces cheminées à dentelle de fer, ni ces murs de trente pieds d'épaiſſeur, ni ces *Cabinets* qui font une priſon dans une priſon, & qui varient à chaque inſtant les douleurs, comme l'ignominie.

L'*Afie* entière eft donc évidemment exempte de cette pefte qui confume chez nous tant de citoyens.

En *Amérique* il y a bien d'autres fortes d'op-preffions, & en *Afrique auffi* ; mais on n'y con-noît pas celle-là. Les *Indiens* dans le nouveau monde font écrafés par des maîtres impitoya-bles, qui font eux-mêmes avilis par la fuperfti-tion ; une partie des côtes de l'*Afrique* eft fou-mife à un gouvernement arbitraire, qui n'a que les abus, & les dangers de celui qui règne en *Afie*. Le refte n'eft guère dévafté que par notre commerce : ce font des marchans d'*Europe* qui portent des chaînes aux habitans de *Congo*, ou de *Juida*, & non leurs Princes qui les en acca-blent : on les vend, on les dévoue à une vie active : mais aucun Miniftre n'a le droit de les condamner pour fon *bon plaifir* à une in-action meurtrière : certainement ils font très-malheureux dans les cafes des *Antilles* : mais c'eft d'un autre malheur, & d'un malheur qui admet des adouciffemens, des confolations. Ils ont leurs femmes, leurs enfans : l'exactitude à remplir leurs devoirs, peut les fauver du fouet des *Commandeurs* : mais elle ne fauve perfonne d'une *Lettre-de-cachet*, & du régime qui s'enfuit.

C'eft donc dans l'*Europe* feule qu'on peut re-douter ces terribles fléaux, & encore dans quelles parties de l'*Europe* font-ils à craindre ? Ce n'eft pas, comme on le fait, dans toute la *Grande-Bretagne*. Une détention arbitraire y feroit un crime de *Lèfe Peuple*, prefque auffi ri-goureufement pourfuivi qu'un de *Lèfe Majefté* : & j'ai rendu ci-deffus hommage à la vérit'

non moins connue, que dans les détentions
même que des intérêts supérieurs, & des ordres relatifs au service public , autorisoient
l'accusé, le prisonnier, même coupable, ne per-
doient aucun des droits de l'innocence, ni aucune de ses ressources.

En *Allemagne* les Princes sont en général
assez despotiques, dans le sens que l'usage ordinaire attache à ce mot ; c'est-à-dire qu'aucune barrière effective ne gêne ni l'emploi, ni
l'abus de leur pouvoir : cependant ils n'ont
ni *Bastille*, ni équivalent. Rien ne les empê-
cheroit de se donner cet amusement : mais soit
que l'idée n'en vienne qu'aux Ministres des grands
états ; soit que le recours à l'*Empereur*, ou aux
Tribunaux existent, & la crainte de donner
trop d'influence à ces épouventails qui ne man-
queroient pas l'occasion de se signaler, s'ils la
trouvoient, contiennent les propriétaires de ces
grands fiefs ; soit que le peuple encore docile ,
patient, & en général peu instruit, comme peu
passionné, obéisse assez sans qu'on l'assujettisse
à ce joug, il me semble qu'il n'existe de *Bastille* depuis le *Rhin*, jusqu'à l'*Oder*, que *Spandaw*.

Mais, 1°. *Spandaw* existe dans une monarchie toute militaire. Ce colosse né de nos
jours ; & parvenu par la force à un développement aussi étonnant que rapide, doit conserver
dans sa constitution, quelque chose de son ori-
gine ; 2°. c'est même aux *Militaires* que la
Bastille Brandebourgeoise est spécialement destinée. Il est très-rare que les *Citadins* en parta-
gent le funeste honneur : & des soldats , qui ne

reconnoiffent d'autres truchemens que la baï-
onnette & le canon, pourroient-ils fe plaindre
qu'on leur parlât quelquefois avec des *Lettres-
de-cachet* ?

En *Dannemarck* depuis l'abominable *Chriftiern*
je ne vois pas que les Rois, ni leurs Miniftres,
aient eu la tentation d'en décocher, ni que le
Jutland, où la *Fionie*, gémiffent fous des maffes
auffi peu utiles, auffi meurtrières que la *Baftille*. En *Suede* aucun Roi n'a fouillé fon règne
par l'ordre d'en conftruire, ou d'un faire ufage.

Enfin en *Ruffie*, celui de tous les pays du
monde, où les anciennes mœurs auroient été
les plus compatibles avec la *Baftillerie* & fes
dépendances, elles ont confacré précifément des
ufages contraires : les *Lettres-de-cachet* y font
dans toute leur vigueur : mais les fuites en font
toutes différentes : c'eft une province entière
qui eft devenue une prifon d'état. En *France*
un des tourmens des captifs, c'eft la petiteffe
de leur cachot : en *Sibérie*, ils ne gémiffent que
de fon immenfité. Les uns font enfevelis dans
de vrais tombeaux : les autres font perdus dans
de vaftes déferts. Quelques infortunés que
foient ceux-ci, il eft évident qu'ils font cependant moins à plaindre. Ils ont des diftractions
& des dédommagemens. Leurs familles les fui-
vent, les accompagnent ; fi leurs cœurs font dé-
chirés fouvent, en fe rappellant les uns aux autres ce qu'ils ont perdu, ils peuvent fe confoler,
en s'occupant de ce qui leur refte : au moins
ils pleurent enfemble, & les feules larmes vraiment amères font celles qui fe verfent dans la
folitude.

D'ailleurs l'activité de la vie qu'ils ſont forcés
de mener les préſerve de l'ennui, du tourment
de ſe reporter ſans ceſſe ſur le paſſé ; de trem-
bler d'avance de ce que prépare l'avenir. Ils
ſont bien malheureux ſans doute : mais ils ne
croiroient pas l'être, s'ils connoiſſoient la *Sibérie
Françoiſe.*

En *Eſpagne* il y a, je crois, deux ou trois
tours miſes auſſi par le Miniſtère au nombre
des reſſorts du Gouvernement & des beſoins de
l'Etat : mais elles ſont peu remplies, parce
qu'elles ont eu juſqu'ici pour rivales les priſons
de l'*Inquiſition* : un peuple qui porte ce dernier
joug, & le porte paiſiblement, ne peut entrer
comme terme de comparaiſon dans aucun cal-
cul de politique, relativement au premier.

En *Italie*, comme en *Allemagne*, ce dernier
eſt très-peu connu. A *Rome* & à *Veniſe* il exiſte cependant des indices d'un pouvoir redou-
table, & d'un *Baſtillage* très-caractériſé. Il
exiſte dans l'une un château, & dans l'autre un
tribunal, qui ſont également des outrages à la
juſtice, & des armes toujours prêtes pour le
deſpotiſme. Cependant la multitude d'étrangers
qui ne ceſſent de traverſer ces contrées célèbres,
prouve que l'uſage en eſt moins fréquent, que
l'appareil n'en eſt terrible. Quand un *Anglois*,
un *Hambourgeois* s'embarquent pour aller à *Rome*,
entendre des *Oratorio*, & admirer *St. Pierre*, ou
danſer en maſque à *Veniſe*, leur famille ne les
conjure pas en tremblant de ſe garder de l'ancien château d'*Adrien*, ou de l'*Inqu ſition d'Etat;*
& il n'y a point d'étranger annonçant qu'il va

en *France*, à qui l'on ne dife de fe défier de la *Baftille*.

D'après les faits & l'opinion la *Baftille* eft donc un monument *Incomparable*, C. Q. F. D.

(24) Page 64. *Que font donc ceux qui les ont détruites ?*] Je n'apprécie pas ici les manipulations de M. *Neker* : j'ai eu beaucoup à me plaindre de lui, & plus encore de fa femme, qui étoit plus miniftérielle que lui : mais ces foibleffes privées ne doivent point influer fur le jugement qu'un écrivain impartial peut porter des opérations des hommes en place. M. *Neker* conferve encore de nombreux partifans : il a fait entrevoir en *France*, ce qui n'eft pas un petit mérite, l'efpoir d'une ombre de reftauration. S'il n'avoit pas été contrarié par une guerre ruineufe, ou plutôt par l'ineptie dépenfière qui dirigeoit malheureufement de fon tems les forces *Navales* du Royaume, on peut croire qu'il auroit vraiment fait le bien.

Ce qu'on peut lui reprocher feulement, d'après les faits, c'eft de s'être donné trop d'éloges par la bouche du Prince, dans les préambules des édits qu'il dictoit ; c'eft d'y avoir trop adopté la méthode verbeufe & emphatique de fon prédéceffeur : c'eft fur-tout d'avoir, comme fon prédéceffeur encore, préféré les petits moyens aux grans ; c'eft de ne s'être occcupé dans fes réformes que des abus particuliers, qui fe feroient diffipés d'eux-mêmes après la régénération générale, s'il avoit eu le cou-

rage

rage de l'entreprendre ; c'est de n'avoir fait
que des tentatives molles, imparfaites, comme
M. *de St. Germain* ; de n'avoir osé, par exemple, proposer des *Etats* pour toutes les pro-
vinces, & d'en avoir inutilement établi l'ombre dans les *Assemblées Provinciales*, & d'avoir
ainsi essayé de concilier les principes du despotisme avec ceux de la liberté, enfin, c'est de
s'être amusé à panser des abcès, tandis qu'il
avoit à traiter une gangrène universelle, de les
avoir traités en manipulateur obscur plutôt
qu'en physicien élevé, d'avoir fait dans toutes
ses opérations des viremens de banque, & non
des dispositions politiques, &c.

(25) Page 65. *Des Princes de la Famille
Royale.*] J'ai eu assez promptement la permission d'*écrire* : il semble que ce soit une
grande marque de bienveillance, & un soulagement inappréciable : qui pourroit deviner,
ce qui n'est cependant que trop vrai, que c'é-
toit pour moi une torture de plus ?

1°. Le papier, on ne me le donnoit que par
compte, sur un *reçu* en règle avec l'assujet-
tissement, pour en obtenir de nouveau, d'indiquer l'emploi de l'ancien ; espèce de servitude
qu'il faut avoir éprouvée pour apprécier tout
ce qu'elle a de poignant.

2°. On se doute bien que je ne pouvois être
tenté d'employer ce papier qu'à des lettres, à
des mémoires relatifs à ma liberté. Or à qui
les adresser ? Aux Ministres ! Ils ne répon-
doient point : & ma situation seule prouvoit
assez que ce n'étoit pas d'eux que je pouvois

attendre des fecours! A mes amis, à mes protecteurs! J'étois prévenu que rien ne paſſoit, que rien ne paſſeroit juſqu'à eux. Je l'étois qu'ils *me croyoient mort ;* que ceux à qui l'on ne pouvoit pas en impoſer ſur cet article, ne montroient que de l'indifférence? Au bout de huit mois on m'accorda la correſpondance du S. *Le Queſne* dont on ne ceſſoit de me vanter le zèle, & la probité. Or pour ſavoir ce que c'étoit que le S. *Le Queſne*, conſultez, Lecteur, l'Avis qui précède le N°. LXXII. de ces *Annales*, lequel ſera réimprimé, & diſtribué avec ces *Mémoires*, à la fin du N°. LXXV.

(26) Page 85. *Qui en gémiſſent.*] Ils en ont une double raiſon : d'abord, comme ils ſont les ſeuls intermédiaires qui approchent des reclus, ils en ſont néceſſairement auſſi les confidens; ils en reçoivent les plaintes, & quelquefois les humeurs. Mal-payés, traités avec dédain par les ſupérieurs, attendant quelques gratifications des priſonniers que le deſpotiſme n'a pas dévoués à une captivité éternelle, ne ſachant jamais ſi elle aboutira à l'*échaffaud*, ou au *miniſtère*; ſi leur commenſal finira par être aſſaſſiné juridiquement comme *Lally*, ou *Mal. de France* comme *Belle-iſle*, & tant d'autres, ils ne ſont pas fâchés de trouver quelquefois l'occaſion de montrer un peu de zèle.

L'humanité peut quelquefois auſſi agir ſur des cœurs ruſtiques que l'opulence n'a point endurcis. Je dois même cette juſtice à ceux de la *Baſtille*, de publier qu'ils en ſont les ſeuls agens ſur qui ce ſentiment paroiſſe avoir quelque prise. Les simples soldats y sont, comme ailleurs, une meute stupide que le fouet dirige, & qui ne connoissent dans, ou hors leur chenil, que la soupe, & l'ordre des piqueurs. L'*Etat major* supérieur joint à cette bassesse obéissante l'insolence, & la dureté que donne l'habitude du commandement : L'*Etat major* des *Porte-clefs*, se trouvant entre les deux, est par cela même le seul auprès duquel la commisération puisse avoir accès.

Mais ils ont de plus une forte raison de s'opposer aux retranchemens qu'opère sur la table des prisonniers, la lésine du Gouverneur, ou du moins de souhaiter qu'elle soit réprimée : c'est que la desserte leur en appartient : & l'on ne peut pas imaginer combien l'honnete M. *De Launay* en est jaloux. Pour peu que lui & son Ministre conservent leurs places, je ne doute pas qu'il ne vienne bientôt quelque lettre signée *Amelot*, qui mette ordre à cet horrible désordre.

Au reste, si ces grands dépositaires des *Secrets de l'Etat* n'avoient pas aussi leurs petits secrets particuliers ; si le silence qui couvre leurs barbaries envers les prisonniers n'étoit également nécessaire pour dérober la honte, & l'iniquité de leurs conventions privées entr'eux, il seroit facile au Gouverneur actuel de motiver l'avarice que préside aux approvisionnemens de sa taverne.

Il regarde comme son bien propre, comme un vrai patrimoine, les *soixante mille livres de rente* attachées à son emploi ; & il en a quelque raison, car il les a achetées, & même assez chèrement.

1°. Il en a obtenu la *survivance* du tems du Comte de *Jumilhac* ; mais celui-ci, pour se déterminer à accepter un coadjuteur, a exigé cent mille écus comptant, qui lui ont été payés ; & de plus le mariage de son fils avec la fille de M. *de Launay*, regardée comme une riche héritière, ce qui a eu lieu.

2°. M. *de Launay*, malgré cet accord, n'ayant pour lui, ni nom, ni services, ni agrémens, ni même de protections, auroit encore pu essuyer un refus : heureusement il avoit un frère au service de M. le *Prince de Conti :* le frère a obtenu l'intervention du Prince, qui a obtenu le consentement du Ministre, dont les Commis ont expédié les patentes, signées *Amelot* ; & pour payer la recommandation de son cadet, l'heureux ainé lui a assuré une pension de *dix mille francs* par an, sur les revenus de sa place.

Ce marché est tout public à la *Bastille :* il n'y a pas un des Marmitons qui n'en soit instruit : & pourquoi s'en scandaliseroit-on ? Tous les emplois qui y existent en occasionnent de semblables. Celui de *Lieutenant de Roi* vaut environ 8000 liv. T. par an ; le possesseur actuel en a donné à son prédécesseur une somme comptant dont j'ignore la quotité ; & il lui fait une pension annuelle de mille écus, dont je suis très-certain.

Ceux de *Porte-clefs* valent a-peu-près 900 liv. T. par an ; ils sont ordinairement remplis par d'anciens *Laquais* du Gouverneur ; ainsi c'est pour les récompenser qu'on les fait bourreaux : mais ils n'obtiennent pas encore gratuitement ce prix honteux de leurs fatigues passées. Il n'y

en a pas un qui ne foit obligé de faire en entrant, ou un préfent, ou une rente à quelque
protégé ou protégée.

Enfin le *blanchiffage* même eft l'objet d'un
tripotage de cette efpèce : la *blanchiffeufe* en
titre reçoit du Roi environ trois fols par *che-
mife* : elle afferme fon brevet à un foutraitant
qui lui en laiffe le tiers, & gratte le linge des
réclus à deux fols par pièce.

Voilà comme fe fait *le fervice du Roi*, & celui
des *prifonniers:* voilà comment fe maquignonnent
ces emplois de *confiance*. Voilà à la difcrétion
de qui eft remife la vie d'un homme innocent,
qui n'a à fe reprocher que le malheur plus fouvent attaché à la vertu qu'au crime, d'avoir
des ennemis nombreux & puiffans.

(27) Page 88. *Ecole de Poifon*] On fait que
les crimes de la fameufe *Brinvilliers*, au fiècle
dernier, vinrent de l'éducation que fon amant
avoit recue en ce genre à la *Baftille*. Un *Italien*,
nommé *Exili*, qu'on lui avoit donné pour compagnon de chambre, fut fon précepteur : ce qui
prouve, pour l'obferver en paffant, auffi bien que
les mémoires que j'ai cités ailleurs, que dans ce
tems-là on ne connoiffoit à la *Baftille*, ni la folitude, ni la privation de toute efpèce qui en
forment aujourd'hui la conftitution caractérifti-
que ; mais ce n'eft pas fans doute le danger de
cette éducation criminelle qui a amené la réforme d'aujourd'hui.

Au refte, il ne s'agit pas ici de la funefte
théorie d'*Exili*; je ne parle que de la facilité d'en
imiter la pratique. Or il eft fûr qu'elle eft entière à la *Baftille*, ainfi que l'impuiffance abfo-

lue pour un prisonnier de s'y soustraire, si c'étoit
le Gouvernement qui voulut attaquer sa vie par
cette voie, & l'impuissance non moins absolue,
je ne dis pas d'acquérir la preuve de ce crime,
s'il étoit commis par d'autres insinuations, &
qu'on put y échapper, mais même d'en recueillir
le moindre indice. Si, dans ce second cas, ce
n'est pas directement à l'administration qu'on
peut le reprocher, elle en est toujours complice
par la facilité qu'elle donne à le commettre :
un passant est assassiné par deux brigands dans
un bois, celui qui se seroit contenté de lui tenir
les bras, tandis que son camarade l'égorgeoit,
seroit-il reçu à soutenir qu'il n'a pas concouru
au meurtre ?

Princes vertueux & bienfaisans, cette seule
idée ne vous fera-t-elle pas horreur ? Par le régime de la *Bastille* votre nom peut devenir journellement tout à la fois l'instrument du plus
lâche de tous les crimes, & un voile impénétrable pour le couvrir. Vous enverriez au supplice
quiconque oseroit vous proposer de servir de votre main sacrée, aux victimes de la tyrannie de
vos Ministres, un breuvage mortel, & par ce régime infernal la *Lettre-de-cachet* qu'ils vous sur-
prennent leur assure le moyen de le verser impunément eux mêmes !

Les geoliers qu'ils emploient se recrieront
que ce soupçon seul est une insulte à leur déli-
catesse ! Mais encore une fois les loix qui inter-
disent les *Chartres privées*, celles qui ordonnent
de respecter la liberté des hommes, sont elles
moins authentiques, moins sacrées que celles
qui protègent leur vie ? Celui qu'un sordide
intérêt engage à violer les premières, non-seule-

ment fans fcrupule, mais avec joie, héfitera-t-il
à enfreindre les fecondes quand il fera follicité
par un intérêt plus vif, par une amorce plus
féduifante? Et qu'eft-ce qu'une vertu qui dépend du prix qu'on en voudra donner ? Quand
les chefs feroient fufceptibles de ce fcrupule, les
fubalternes le feront ils ? & s'ils fuccombent,
le *Secret* de la *Bastille*, n'affure-t-il pas leur im-
punité comme leur fuccès ? Tous achetent
leurs places ; je l'ai fait voir ci-deffus. Or des
hommes capables de donner de l'argent pour
acquérir le droit de fe fouiller de cet infâme
fervice, parce qu'il eft lucratif, réfifteront ils
bien courageufement à la tentation de le rendre plus lucratif encore , par des complaifances
bien payées ?

J'infifte fur cette idée , parce qu'elle m'a
bien long-tems, bien cruellement occupé, ou
plutôt déchiré ; parce que dans le nombre
innombrable des raifons qui prefcrivent l'a-
bolition de la *Bastille*, ou du moins de fon régime, c'eft la plus frappante. On peut tromper
un Souverain même bien intentionné , au point
de lui perfuader que les *Prifons d'Etat* en général, & les ordres arbitraires qui les peuplent,
font un acceffoire inféparable du Gouvernement,
& néceffaire au maintien de l'ordre public ,
comme à celui de la Couronne: mais il n'y en
a point à qui l'on put perfuader qu'il lui im-
porte de donner aux plus méprifables fatellites
fur la vie de tous fes fujets, fans diftinction ,
un droit qu'il frémiroit de s'arroger à lui-
même : & il eft démontré cependant que c'eft-
là le fruit néceffaire du *Régime* de la *Bastille*.

(28) Page 92. *A. M. Raymond Gualbert de Sartines.*] Ce n'eſt pas, à la vérité, l'horloge ſeul que M. *Raymond Gualbert de Sartines*, &c. a ſi ingénieuſement reconſtruit. L'inſcription apprend qu'il a été auſſi l'ordonnateur du bâtiment où cette machine eſt placée ; bâtiment qui comprend la *Cuiſine*, les *Bains* de Mde. la *Gouvernante*, le *Chenil* des *Porte-clefs*, & du reſte de la *Harde* qu'on appelle l'*Etat major*, excepté le Gouverneur, qui, comme je l'ai obſervé, loge au dehors, quoique ſa cuiſine ſoit au dedans, & que Madame s'y baigne ; & ces bains ont des particularités au moins auſſi remarquables que l'horloge.

Qu'une femme de Gouverneur ſe lave dans un lieu, ou dans un autre, rien ne ſemble plus indifférent, & rien en effet ne devroit l'être davantage ; mais à la *Baſtille* tout a des conſéquences, & elles ſont toujours douloureuſes.

La *baignoire* de *Madame* étant placée dans l'intérieur du Château, pour y parvenir il faut traverſer la cour, & par conſéquent le ſeul eſpace qu'aient les priſonniers, comme je l'ai dit, pour ſe promener. Mais ce ſont les Laquais qui portent l'eau : il faut qu'ils entrent, & qu'ils ſortent ; par conſéquent chaque voie entraîne pour le promeneur, comme on l'a vu, un ordre de *cabinet*. (*Voyez page 93.*)

Enſuite viennent *les Femmes de chambre* : il faut porter les *chemiſes*, les *ſerviettes*, les *pantoufles de Madame* : tout ſeroit perdu, ſi le reclus apperçevoit le moindre de ces *Secrets de l'Etat* ; chaque importation produit donc encore un *cabinet*.

Enfin arrive *Madame* elle-même : elle n'eſt
pas légère : ſa marche eſt un peu lente : l'eſpace à parcourir eſt aſſez long : le Sentinelle,
pour faire ſa cour, & prouver ſon exactitude,
crie *Au cabinet* dès qu'il l'apperçoit ; il faut fuir :
il faut reſter *au cabinet*, juſqu'à ce qu'elle ſoit
rendue à ſa baignoire : & quand elle ſort ſa retraite eſt accompagnée des mêmes formalités en
ſens contraire. Le reclus a de même à ſupporter,
dans *le cabinet*, la Maîtreſſe, les Femmes de
chambre, & les Laquais.

De mon tems le Sentinelle dans un de ces paſ-
ſages ayant oublié de heurler le ſignal de la fuite,
la moderne *Diane* fut vue dans ſon déshabillé :
j'étois l'*Actæon* du jour : je n'eſſuyai point de
métamorphoſe ; mais le malheureux Soldat fut
mis en priſon pour huit jours : je ne pûs l'ignorer, puiſque j'en entendis donner l'ordre.

Ailleurs les bains donnent de la ſanté, ou
préparent des plaiſirs. Une Gouvernante de
Baſtille n'a point de criſe de propreté qui n'en
entraîne pluſieurs de déſeſpoir.

(29) Page 98. *Pour la nourriture & le vêtement.*] On a vu dans le texte ce que c'eſt que
la *Nourriture*. Quant au *Vêtement* M. le Gouverneur m'a ſouvent parlé de ſes largeſſes en ce
genre : je ne crois pas qu'il m'ait jamais honoré
de ſes viſites ſans me parler des *culottes* qu'il
diſtribuoit libéralement à ſes *priſonniers* ; car
en parlant des malheureux reclus il emploie
toujours le terme poſſeſſif. Voici ce qui m'eſt
arrivé à moi-même.

J'ai été arrêté le 27 Septembre, allant dîner
à la campagne ; & par conſéquent avec la

garde-robe que l'on emporte pour un pareil voyage, dans cette faifon. Il ne m'a pas été poffible de me procurer quoi que ce foit de plus, ni en linge, ni en habits, jufqu'à la fin de Novembre fuivant; dans ce mois qui a été rigoureux en 1780, il falloit, ou me condamner moi-même à ne pas fortir de ma chambre, ou aller nud, littérallement nud, braver dans la promenade la violence du froid : & j'avois de l'argent, comme je l'ai dit, dépofé dans les mains des officiers; & je ne demandois que la permiffion d'*acheter* ces culottes, que l'on *donnoit*, me difoit-on, aux autres.

Il y a plus : dans les derniers jours de Novembre, on m'envoya enfin de chez le Sr. *Le Quefne* un convoi d'hiver; il contenoit des bas qu'un enfant de fix ans n'auroit pas pû mettre, & le furplus de l'habillement taillé fur les mêmes proportions. Sans doute on avoit calculé que je devois être prodigieufement maigri. Cela ne paroîtra puérile qu'à ceux qui ne réfléchiront pas aux circonftances : mais voici qui ne le paroîtra à perfonne.

J'élevai douloureufement la voix fur une expédition auffi dérifoire : je priai le Gouverneur de renvoyer cette layette, & de s'intéreffer pour m'obtenir un fuplement, ou de me le laiffer acheter : il me répondit nettement, en préfence de fes Collègues & d'un *Porte-clef*, QUE JE POUVOIS M'ALLER FAIRE ...... QU'IL SE F.... BIEN DE MES CULOTTES ; QU'IL FALLOIT NE PAS SE METTRE DANS LE CAS D'ETRE A LA BASTILLE, OU SAVOIR SOUFFRIR QUAND ON Y ETOIT.

J'avoue que ses camarades baissèrent les yeux ; & que huit jours après j'eus une *Robe-de-chambre* & des *Culottes*.

Si ces inconcevebles atrocités n'étoient pas ordonnées, il faut les publier, afin de les épargner à mes successeurs : si elles étoient autorisées, si elles entrent, ou dans le régime de la maison, ou dans le traitement particulier qui m'étoit préparé, il faut les publier encore, afin d'assurer au scrupuleux Gouverneur les récompenses que mérite son exactitude.

CONCLUSION.

Je me lasse de tenir cette palette lugubre ; quoique je sois loin de l'avoir épuisée. Je n'ai dit ici que ce qui m'est arrivé à moi-même, ou ce dont j'ai pu parler sans risque de compromettre les sources auxquelles j'en ai dû la connoissance. Que seroit - ce donc si je révélois tout ce que j'ai appris, ou par des confidences, ou par des indiscrétions, ou par la sagacité que donne à l'esprit d'un reclus l'impuissance de se distraire autrement que par ses efforts pour pénétrer les secrets qui l'entourent, & qu'on veut lui cacher ?

Tandis qu'on imprimoit ces *Mémoires*, on m'a envoyé un livre sur la même matière, intitulé *des Lettres-de-cachet*, *&c.* Je suis fâché que cet ouvrage soit anonyme, parce qu'il sem-

ble par-là en avoir moins d'autencité. Il met
au jour les myſtères du Donjon de *Vincennes*,
comme celui-ci dévoile ceux des Tours de la
Baſtille. On pourra les comparer : peut-être
avec le tems aurons-nous ainſi des hiſtoires
des vingt & tant de *Baſtilles* que la *France*
renferme, ou plutôt qui renferment la *France*.

Toutes juſtifieront la réflexion par laquelle
commence ce triſte tableau, (*voyez page* 57 *ci-
deſſus*) réflexion que l'on ne peut trop ſouvent
rappeller à un gouvernement équitable, qui
n'a ni l'intérêt, ni l'intention d'être cruel.
Quel eſt l'objet de ce ſecret, de cette impénétrabilité, de cette barbarie qui caractériſent ces
prétendues priſons *royales* ? N'eſt-ce pas, préciſément parce que tout s'y fait au nom immédiat *du Roi*, que tout devroit y porter une empreinte plus ſpéciale de clémence, ou du moins
de juſtice ? Les rigueurs n'y ſont aſſujetties à
aucune formalité préliminaire ; les adouciſſe-
mens ne devroient donc pas y être plus reſ-
traints.

Quand elles ne contiendroient en effet que
de vrais *Criminels d'Etat*, ou des hommes réelle-
ment ſoupçonnés d'avoir participé à des com-
plots nuiſibles, encore faudroit-il, au moins
juſqu'à leur conviction, avoir pour eux les
égards dûs à l'humanité. Ne perdons point de
vue l'axiome précieux conſigné dans la Déclara-
tion du 30 Août 1780 ; n'oublions point cet
hommage rendu à la vérité par la bienfeſance.
Toute *peine* infligée *dans l'obſcurité*, même

des coupables, est au moins *inutile*, & dans l'idiome de la justice, qu'est-ce qu'une *peine inutile* ? & quel nom donner à ces *peines inutiles* quand il se trouve qu'elles ne tombent que sur des innocens ?

Or, encore une fois, rien de plus rare dans ces *Prisons d'Etat*, dans ces *Tortures d'Etat*, dans ces *Supplices d'Etat*, que des *Criminels d'Etat*. Si les 20 ou 30 geoles qui portent en *France* cet horrible nom ; si la pluie de *Lettres-de-cachet* qui les peuple, ne servoient en effet jamais qu'à punir des factieux, à déconcerter des rebellions, il faudroit donc que la *France* ne fût remplie que de *Catilinas*. Le pays de l'univers où le joug se porte avec plus de docilité, seroit donc par essence la patrie des conjurations, & un repaire de conspirateurs ; ce qui est aussi absurde que honteux à supposer.

Mais si ce ne sont pas des coupables que l'on entasse dans les *Bastilles*, de qui donc regorgent-elles ? Contre qui donc est dressé l'appareil qui les rend si formidables ? A qui sont réservés ces cachots dont le silence n'est interrompu que par des gémissémens, où la terreur veille à écarter tout ce qui pourroit écarter le désespoir ? Hélas ! faut-il le dire ? A des pères de famille paisibles, à des citoyens irréprochables, à des actions honnêtes, auxqelles le Gouvernement peut-être devroit des récompenses.

En veut-on un exemple entre mille ? Citons celui de *S. de Bure*, déjà consigné dans ces *An-*

nales, Tome III, page 239. Le *S. de Bure*, étoit un libraire diftingué dans fa profeffion : fa famille exerce avec honneur depuis cent ans de pere en fils, ce commerce utile, & digne d'encouragement quand le fcrupule s'y joint à l'intelligence : il étoit chef de fa communauté.

Le Souverain juge à-propos d'introduire dans ce corps une police nouvelle ; une loi ordonne que certains livres feront *eftampillés* ; c'eft-à-dire marqués d'un certain figne, qui devoit leur donner de certains droits. Jufques - là tout alloit bien, au moins pour ceux à qui l'*eftampillage* devoit valoir beaucoup d'argent.

Mais un ordre particulier enjoint au *S. de Bure* d'appliquer lui-même l'*eftampille* de fe rendre le miniftre manuel, l'exécuteur de cette opération : il y voit la ruine infaillible de plufieurs familles, de la communauté dont il eft le chef : il croit fa confcience intéreffée, ainfi que fon honneur à s'excufer : il offre fa démiffion, afin que l'emploi qui lui répugne paffe fans bruit dans des mains plus dociles.

On ne reçoit point fa démiffion : on lui répète deux fois, trois fois, l'ordre fatal, *Eftampillés ; ou bien* . . . . Il perfifte à fe défendre : on accomplit l'alternative : on le met à la *Baftille.* Et voilà un *Criminel d'Etat.*